好奇心のパワー

コミュニケーションが変わる

キャシー・タバナー＆カーステン・スィギンズ
吉田新一郎 訳 Professional Developer

新評論

まえがき――とても大切な質問

五歳の息子とともに、私（カーステン）は病院の待合室に座っています。緊張しながらも、医者と口論するだけの準備はできています。この病院は、過去二年間で受診した三軒目の耳鼻咽喉科ですが、そのなかでもここは「ベストな病院」だと聞いてきました。

私の息子は、生まれてからのほとんどの時間、四一度もの熱を出し続けています。その熱は、耳の感染症やウィルス、もしくは風邪などが原因であると診断されてきました。でも、繰り返しこんなにも高い熱を出す理由を、誰も説明してくれませんでした。数え切れないほどの検査のあとでも、医師たちは「何の異常もないので心配する必要はなく、彼は大丈夫だ」と言うのです。

しかし、私は心の底では医師たちの言っていることを信じておらず、「何かがおかしい」と思っていました。友人たちは、「ヒステリックな親にはならないで」と私に言い続けてきたので、心配事は自分の胸の内にとどめておくということを学びました。

しかし、それももう限界でした。昨夜、息子の鼓膜が破れて、抑えることのできない痛さに苦しむ五歳児のベッドに座りながら、「彼は大丈夫」という診察結果を受け入れることができないと心に強く決めたのです。

名前が呼ばれるまで、「なぜ、誰も私たちの話を全部聞いてくれないの?」と、頭の中で叫んでいました。このとき私は、医師が私のことを「正気ではない」と思っても構わないと思いました。息子が必要とする助けを得られるために、必要なことは何でも言うし、何でもすると私は決めていたのです。

誰もが、人生においてこうした状況に遭遇します。病院だろうと、家だろうと、会議の席だろうと、誰かが「何かがおかしい」ということに気付くのですが、波風を立てたくないのか、バカだと思われたくないためか、相手が言ったことをほとんどの人が受け入れてしまうのです。でも、私たちは完全に納得しているわけではないので、実際はイライラし続けているのです。私たちにもそのような状況をつくり出している責任が部分的にはあるのでしょうが、その結果に対して何もできないため、無力で弱い存在だとも感じています。

私たちが「誰か」あるいは「何か」を十分に理解できないと、その相手が他人か自分かは別にして、対立につながるというのが現実でしょう。その時点で、感情のスイッチが入るのにさほど時間はかかりません。その結果、私たちは、あとで後悔するようなことを言ってしまうか、実際は欲求不満がグツグツと煮えたぎっているのに、それを隠して、何も言わずにおとなしくするかという選択をしてしまいます。

私は、息子にいったい何が起こっているのか、理解しようと必死でした。ただ、感情的になったり、バカだと思われたくないので、必要な会話をうまくすることができず、身動きがとれない状態に陥っているとも感じていました。

自分の頭の中では、どうしたら息子の状況がよくなるのか、そして、息子に起きていることを十分に理解するために、しっかりと分かり合えるような、理性的な話し合いを求めていました。とはいえ、私の心はすでにかなりいら立っており、いかなる代償を払ってでも、言わなければならないことを言い、しなければならないことを行動に移すつもりだったのです。

そんな切羽詰まった状況で、思考（理性）や感情を保ったままやり取りをするにはどうしたらいいのでしょうか？　相互に尊重しあった建設的な対話、そして、それを通して平穏や達成感を得て、心の豊かさに導いてくれるといったやり取りとは、いったいどんなものなのでしょうか？

母娘のエクゼクティブ・コーチングチーム(1)である私たちにとって、これはまさに個人的にも職業上においても大事な質問となります。感情的に、飽和状態で行う話し合いは、それが家庭であ

---

(1)　コーチングは、人材開発の方法として日本でも一〇年ほど前から普及しはじめている方法です。対話によって、クライアント（エクゼクティブは、とくに企業などの幹部）の自己実現や目標達成を図ります。クライアントの話をよく聴き（傾聴）、感じたことを伝えて承認し、質問することで、自発的な行動を促すコミュニケーションといったものが中心に据えられています。その意味では、一般的によく知られるコンサルティング（指導・助言）とはアプローチを異にします。

ろうと職場であろうと、基本的には同じだからです。もちろん、私たちだけでなく、私たちのクライアントにとってもそうなのです。

過去一〇年間ほど、これまでとは異なる新しい成果を達成したいと願うリーダー（組織の幹部）たちと仕事をしてきました。それらの成果のなかには、協力とイノベーション、およびこれまでよりも強固な信頼関係を築くことが含まれています。

しかしながら、より多くのことを部下やチームに期待すると、リーダーたちは感情的になります。そして、自分たちは正しく、部下やチームは間違っているという、分断された状況に自らがいることに気付くのです。さらに、当然のことながら、リーダーたちは何をどうするかを指示する役回りを演じ続けることになるのです。

リーダーたちは、自らの断固たる姿勢によって部下やチームに能力があることを伝えていると思っていたわけですが、実際は部下やチームは無能であり、彼らだけでは何をどうしたらいいのかさえ分からないという逆のメッセージを発信し続けていたのです。

チームでやるべきことがなかなかできなかったり、あるいは成果を上げられなかったりしたとき、リーダーたちは部下たちを非難および批判し、面目までつぶして辱《はずかし》めます。このようなリーダーシップでは、彼らが求めている結果を得ることはできません。私たちのクライアントは、イライラしたまま、悪循環から抜け出せないという状態で困っていました。

このようなことが、なぜそんなに重要なのでしょうか？　それは、私たちがパラダイム(2)の転換点にあるからです。私たちは、階層的な工業中心の時代から、より協力的な情報化時代に転換しつつあります。技術の進歩は、私たちの人生に大きな影響を与えているのです。実現することのない夢と思われていたものが、今や現実のものとなっているのです。

月まで飛び、宇宙で長期にわたって生活をしています。地球の反対側にいる人を見ながら会話もしています。また、瞬時に大量の情報を流すことができます。社会的な運動を支援することも、医師に相談することも、自分の意見を表現することも、個人的なプロジェクトに資金を募ることも、モノやサービスを売ることも、音楽をダウンロードすることも、動画をアップロードすることも、快適な我が家を出ることなく、自らの暮らしを世界と共有することができるのです。

私たちは、世界を自分の手のなかにもつことができ(3)、見えていなかったものが姿を現す瞬間をリアルタイムで見ることができるのです。今や、私たちが思い描くものはすべて得られる時代なのです。

歴史上初めて、若い世代の人びとが前の世代の人よりも多くの情報にアクセスできるようにな

(2)　ものの見方や考え方を支配する認識の枠組みのことです。
(3)　スマホを介して世界とつながれるイメージです。

りました。もはや古い世代の人びとは、自分たちのほうが若い世代よりも多くの知識や情報をもっているとは言えなくなっています。職場でも、家庭でも、伝統的な上意下達のモデルはもはや機能しないのです。優れたリーダーには、よりフラットで、よりオープンで、協力的なアプローチが必要とされています。

五〇歳を超える雇用主には二〇代の社員の視点を理解することが困難になっているように、七歳児をもつ親も、子どもの視点が理解できなくなっています。それぞれがコンピュータをもつことで、子どもや若い社員たちは、どんなテーマであっても親や社長と同じくらいの知識をもっていることでしょう。いや、それより多くの知識をもっているかもしれません。

従来の知識の担い手たちは、少なくともテクノロジー絡みのことに関しては、若者たちと同等の知識（情報操作のスキル）を習得することが求められています（大人たちは慣れていないので順応するのが大変となりますが！）。

情報化時代の組織は、夢中で取り組むこと、協力すること、イノベーションを起こすこと、創造的に思考すること、そして結果責任を求めます。これらのスキルは、すべてのリーダーに求められているにもかかわらず、一切教えられることがありません。文化は急速に変化しているのに、ほとんどの人がなかなか変われないでいるのです。

たとえば私たちは、親として、何かを子どもたちに伝えるときには自分たちの両親を手本にしています（ほとんどの親は、自分たちの親が言ったことと同じことを自らが言っていることに気付きます）。つまり、リーダーとして、自分が体験したリーダーシップのスタイルの真似をしているわけです。

とくに重要な局面では、命令的で管理的なものになりがちです。専門職の場合は、メンター[4]や私たちが習った人たちのアプローチをクライアントや患者との関係の手本にするかもしれません。しかし、その手本が特定の状況において否定的な感情を体験したときに、私たちは自動的に階層的な手本に戻ってしまい、あとで撤回したくなるようなことを言ってしまうのです。

私たちのクライアントは、次の三つのことを知っています。

・チームのメンバーが夢中になって取り組まなければならないこと。
・話し合いは、思考や感情の本音のやり取りを可能にするものでなければならないこと。
・学びをサポートする相互の尊重と、生産的なやり取りを促すこと。

問題となるのは、それらをどのようにして達成すればいいかが分からないということです。と

（4）　メンターは「よき先輩・先達」のことで、メンタリングはその分野で新しい人がメンターと一緒に学び合うプログラムのことを言います。メンターは、組織から任命されるのではなく、新米（メンティー）が選べるようにすると効果が上がります。

同時に彼らは、頼りになるコミュニケーションのとり方が、彼らに対する親や教師の話し方に大きく影響されていることに気付きはじめたのです。

簡単に言えば、私たちのクライアントが本当に、しかもすぐに必要としたのはツールであって理論ではありませんでした。具体的で、すぐに手に入り、しかも、いつでもどこでも使えるツールは、感情が高ぶった状態の彼らをサポートします。そして、対立を生む可能性のある状況においてはピンチをチャンスに変え、より望ましい成果も達成することができます。

クライアントの助けを借りて、職業的にも個人的にも、かかわりこそがすべてであることを私たちは学びました。また、何をするかは、それをどのようにするのかよりも重要でないことも学びました。つまり、いかなるレベルのリーダーを支援するためにも、「新しい言葉が必要である」ことを学んだわけです。そして、それらのことを学ぶ過程で、かかわりのなかで成果を上げるのに必要とされる基本的なスキルを練習することも、磨くことも、これまでほとんどしていなかったことを発見したのです。

著者である私たち二人はともに母親なので、どのようにすれば小さいうちからそうしたコミュニケーションのスキルを磨くことができるのかということについて考えはじめました。幼児のときは、自然に好奇心をもち、自らの欲求を満たそうと探求することで自分と世界とのつながりをつくり出していきます。しかしながら、小学校に入学するころから変化がはじまります。

学校という集団の場にいながら、学びの過程は個別化していきます。テストを受けたり、作文を書いたり、一人で問題を解いたりして、学んだことは教師とのみ共有され、「回答」や「概念」、また「考え」をクラスメイトや家族と共有しあうことをほとんどしなくなります。

そして一〇代になると、権限をもっている大人から、常に何をするかという指示を受け続けることになります。発見したり、学んだり、若いリーダーとして頭角を現したりと感受性の強い時期なのに、大人たちが「自分たちは何でも知っている」という情報を投げ掛けてくるのです。それはあたかも、一〇代の者は何も知らず、（故意ではなくても）一〇代の者が下した選択を評価せず、恥ずかしい思いをさせて非難しているかのようです。

このようなことを考えているときに、ふと心に浮かびました。感受性の強い時期に、親や教師、またスポーツのコーチや権力をもっている大人たちから何をすべきかと常に言われ続けるような状態であれば、優れた大人のリーダーとして成長することができるはずがありません。

これらの大人は、悪気などはこれっぽっちもなく、若者がつまずいたり、倒れたり、あるいは自分たちと同じ失敗をしないように守ろうとしているだけなのですが、その失敗こそが「学び」においては欠かせない重要なことでもあるのです。

私たちは、どのように聞いたらいいのか、質問したらいいのか、また自分たちと他人を理解するために好奇心をいかにもったらいいのかについては教えられていません。私たちは、それらを

図１　好奇心のスキルがないときの悪循環のサイクル

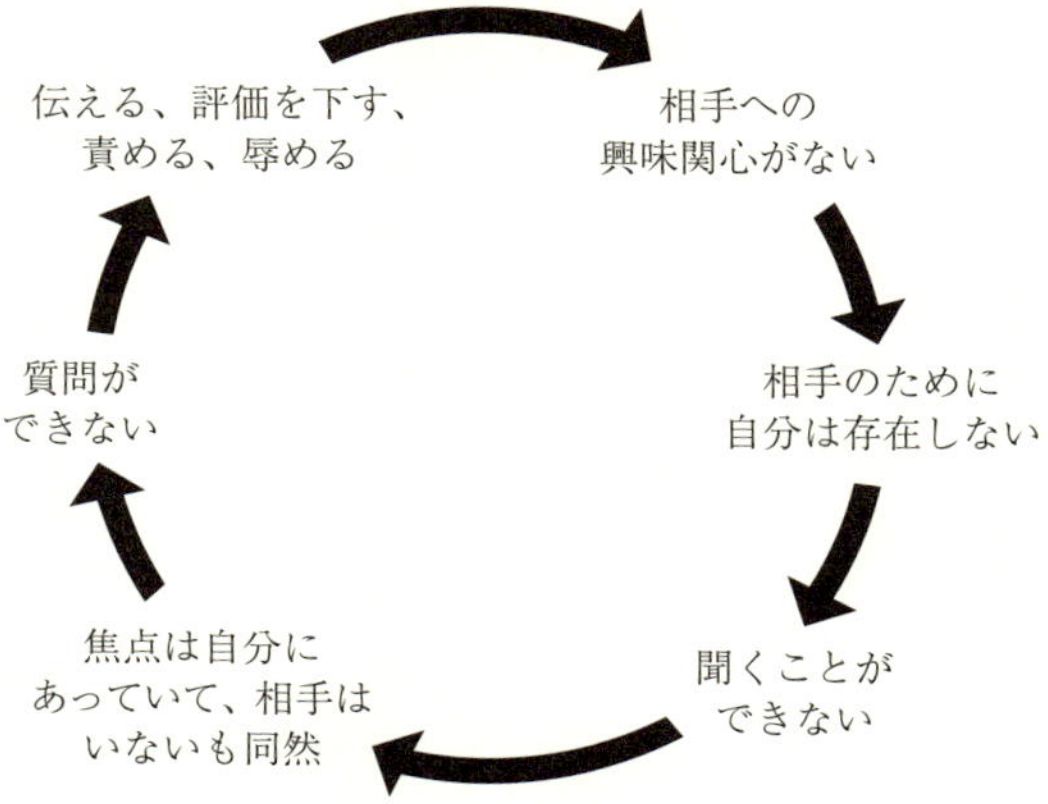

どうしたらいいのかについてすべて知っているかのように、それらのことを単に「する」ように求められます。しかし、私たちは知らないのです！

私たちは、自分の価値観を確認したり、限度を設定したり、あるいは何が感情的な落ち込みを起こし、その理由は何なのかといったことについてほとんど教えられることがありません。にもかかわらず、これらすべてが職場や家庭をはじめとして、すべての関係において私たちの成功に直接影響を及ぼすのです。

ほとんどの人が、初期の体験によって無意識に使う言葉を形成しています。それは、一方的に伝え、評価を下し、責め、時には辱《はずかし》めるものなど、リーダーシップや親としての接し方、人生において人との関係の築き方に影響を及ぼす言葉遣いです。

正直に言うと、私たちの旅、つまり本書を書くと

図２　好奇心のスキルで回わる好循環のサイクル

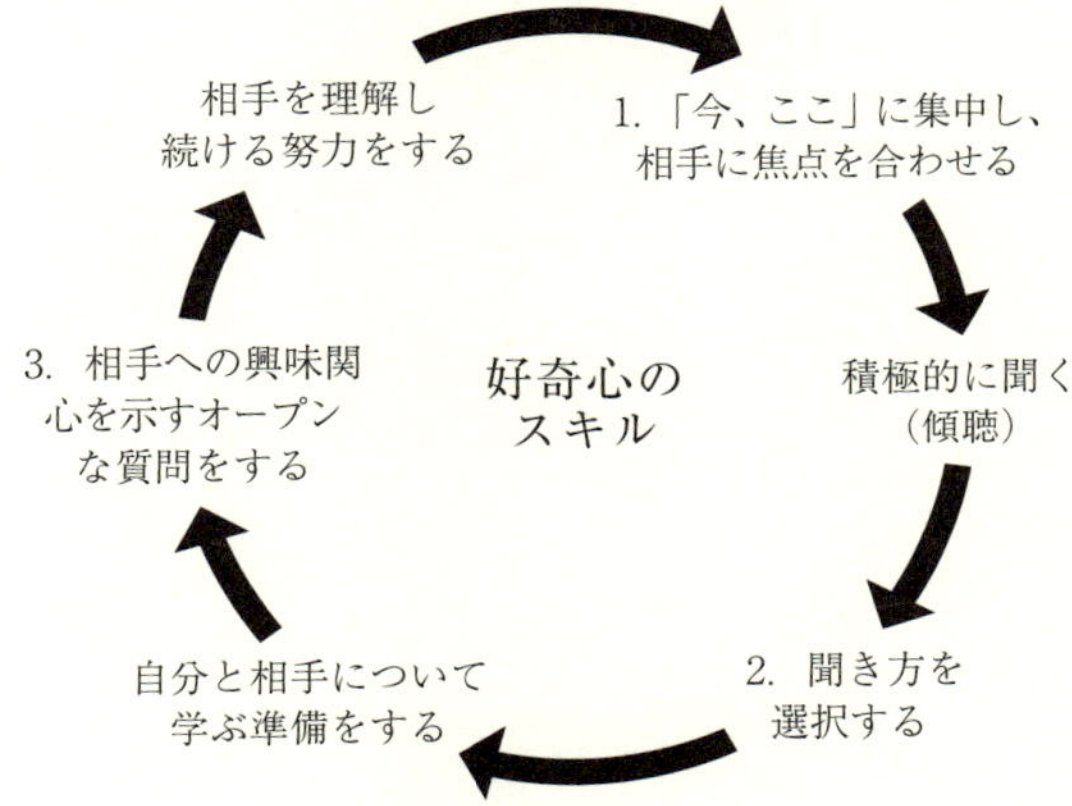
相手を理解し
続ける努力をする
1.「今、ここ」に集中し、
相手に焦点を合わせる
積極的に聞く
（傾聴）
2. 聞き方を
選択する
自分と相手について
学ぶ準備をする
3. 相手への興味関
心を示すオープン
な質問をする
好奇心の
スキル

いう旅は意図的に行ったものではありません。私たちの考えを実践し、それらをいろいろと試してみたことでとても明確になったことは「好奇心のパワー」でした。

私たちは、好奇心（興味・関心）がもてないと人の話を聞くことができません。また、好奇心がもてないと、偏見のない受け入れやすい状態を保つこともできません。そして、好奇心がもてないと質問をすることもありません。要するに、好奇心がもてないと私たちは、一方的に伝え、評価を下し、批判し、責め、そして辱《はずかし》めてしまうだけなのです。

簡単に言えば、私たちが成功するために必要なスキルは「好奇心」だということです。それを生まれながらにもっているにもかかわらず、大人になってそれを育てている人は稀《まれ》と言えます。そのスキルには、「今、ここ」に集中して積極的に聴くこと、あらゆる状況において聴き方の選択肢があることを知っており、相手の視点や考え方を理解するために好奇心にあふれたオープンな（開いた）質問をすること、が含まれています。

極めて単純なのです。成功する鍵は、好奇心にほかなりません。私たちは「好奇心のパワー」に支えられた具体的なコミュニケーションツールを開発し、クライアントに教えたのです。

面白かったことは、私たちはコミュニケーションスキルを職場で使えるようにクライアントに教えたのですが、彼らは職場で使う前に、より簡単だと思われる家庭で試したのです。すると、誰しもが期待していなかったことが起こったのです。**図2**に示されている三つのスキル（番号が付いているもの）を実践したことで、彼らの私生活が目に見えるように改善したのです。たとえば、以下のようなことがありました。

具体例1――看護師で一二歳になる子どもの母親は、頼んだ家事をちゃんとやってくれたことがないので、息子に対して常にイライラしていました。これまでとは異なる結果が欲しくて、家事について話すときに彼女は、好奇心のスキルを使ってみることにしました。つまり、意図的に息子が家事をやり遂げない理由を理解するための質問をし、彼の考えを積極的に聴いたのです。その結果、新しく共有できた理解によって、母親に言われた方法ではなく、自分にあったやり方で息子は家事をしっかりと終わらせるようになったのです。

息子は母親に、今までとは違った話し合いをしてくれたことに感謝をしたようです。彼は、自分の言うことを母親が本当に聴いてくれたことがうれしかったのです。もちろん母親は、息子が家事をやるようになって感動しました！

具体例2――お見合い結婚をしたある会社の幹部（女性）が、好奇心のスキルを家で使いはじめました。好奇心にあふれたオープンな質問をし、積極的に聴くことで夫との関係が非常によくなったのです。結婚してから数年が経って、彼女は夫のことをようやく理解し、つながりをもちはじめたということです。

具体例3――会社の経営者で、五歳になる孫のおばあさんでもある人も、孫娘が何を悲しんでいるのかを知るために好奇心のスキルを使いました。すでに答えを知っていると仮定して、孫娘にどうしたらいいか、どうしたらハッピーになれるかと話すのではなく、孫娘のことを理解するために彼女は聴くことを選択し、好奇心にあふれたオープンな質問をしたのです。その結果、孫娘を元気づける形で解決をすることができました。

孫娘はおばあさんに、これまでとは「違うやり方」に感謝しただけでなく、それが「とても気に入った」と言いました。

図３　好奇心のスキルがないときの状態

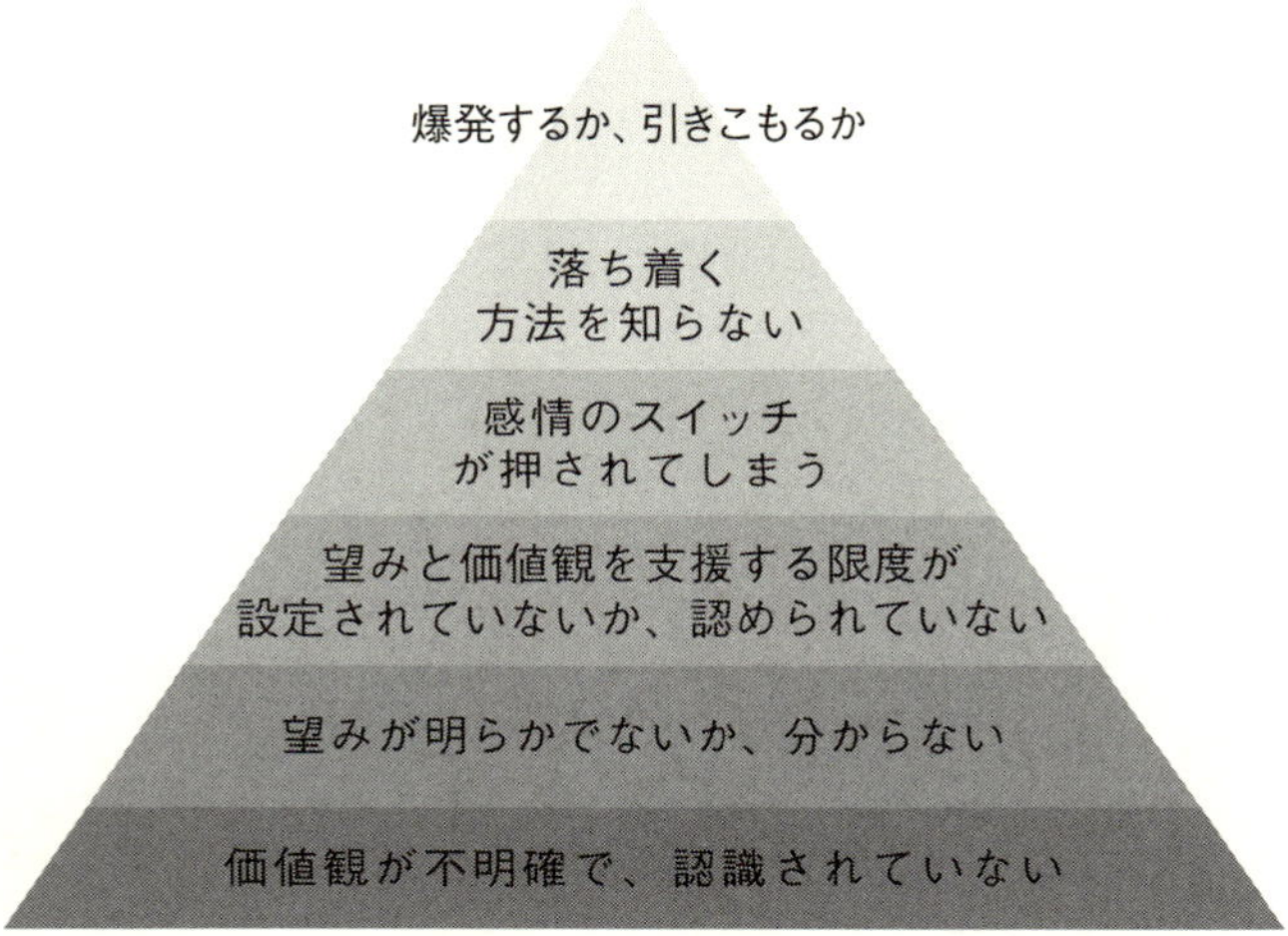
爆発するか、引きこもるか
落ち着く
方法を知らない
感情のスイッチ
が押されてしまう
望みと価値観を支援する限度が
設定されていないか、認められていない
望みが明らかでないか、分からない
価値観が不明確で、認識されていない

「好奇心のパワー」がとても大切で個人的な関係を転換してくれたことによって、クライアントであるリーダーたちはそれを職場でも応用することになりました。これまでのように、部下たちに何をすべきかを言ってフラストレーションを溜め込む代わりに、部下たちがどのように前に進んだらいいのかとリーダーたちが好奇心をもって尋ねたことで士気が高まり、これまで考えられなかったような成果を上げたのです。

　不必要な静寂に耐えたり、自分ができること以上の仕事を引き受け続ける代わりに、自分には何が必要なのかについて好奇心をもつこと、また限度を設定することによって、これまでとは異なるより良い結果を達成することができたのです。

図４　好奇心のスキルによって得られる状態

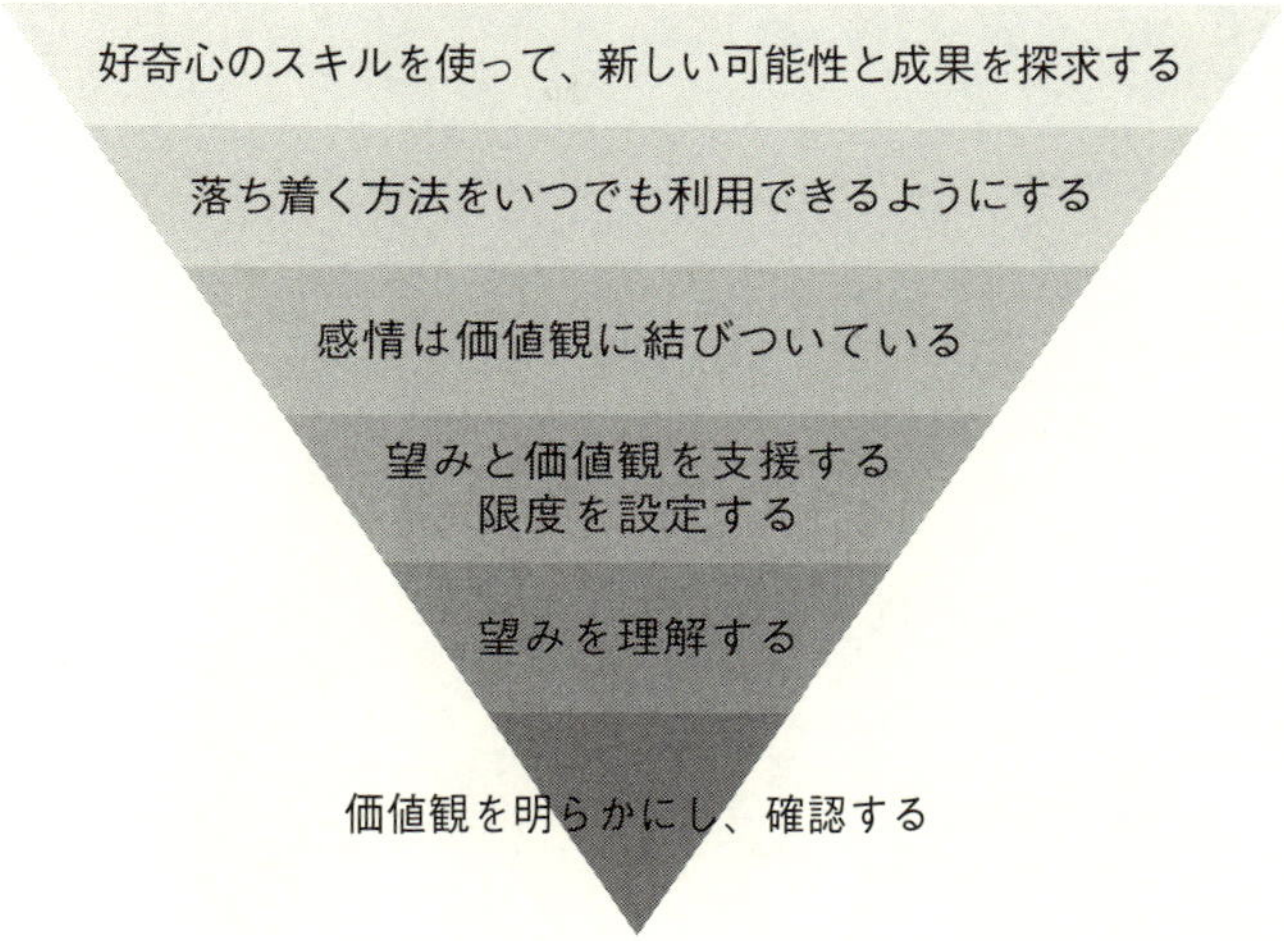
好奇心のスキルを使って、新しい可能性と成果を探求する
落ち着く方法をいつでも利用できるようにする
感情は価値観に結びついている
望みと価値観を支援する
限度を設定する
望みを理解する
価値観を明らかにし、確認する

クライアントたちが感情的になり、冷静さを失うとき、「私は正解で、あなたは間違っている」という前提に陥ってしまったり、激しい議論をはじめてしまったり、沈黙に逃げ込んでしまったりする代わりに好奇心をもつことを選択し、積極的に聴き、質問をし、そして相手を理解するための時間を確保したわけです。この新しいアプローチは、リーダーたちが考えもしなかったような新しい可能性を切り開いたということです。

私たちが具体的に発見したことは、**図3**と**図4**に示したことです。好奇心のスキルを使わないと**図3**のようになります。しかし、好奇心のスキルを使うと、新しい可能性、機会、そしてより良い関係をつくり出します。

人生のなかでのあらゆる変化と同じように、

好奇心をもつことはあなたの人生のあらゆる面において波及効果をもたらします。私たちが教えようとしているスキルは、職場や家庭のいずれかだけで使うものではありません。それゆえ、この本のなかであなたは、個人的な場面と職場での場面を行ったり来たりすることになるでしょう。

これらのスキルはライフスタイルになります。実践を重ね、好奇心を生活のあらゆる側面に応用することで、より多くの成功が約束されることになります。

私たち母娘が、本書で読者と共有したい方法には三つのパートがあります。「パート1　好奇心のスキル」では、あなたが求める根本的に新しい結果をもたらすために、暮らしのすべての側面で使いこなすことのできる以下の三つのスキルについて紹介していきます。

❶「今、ここ」に集中し、話し手の言わんとしていることに焦点を合わせる。
❷やり取りのなかで聴き方を選択する。
❸理解するために、相手への興味関心を示すオープンな質問をする。

これら三つのスキルは、従来の「伝える」「判断を下す」「責める」「辱《はずかし》める」ことを中心にしたやり取りから、自分と相手について学ぶためのオープンなやり取りに転換することを促します。そうしたやり取りによって、新しい可能性や機会が浮かび上がってきます。

「パート2　好奇心を使って自分自身を理解する」では、他者を理解するための大切な最初のステップが自分自身を理解することになりますので、三つの好奇心のスキルを自分自身に対して応用してみます。ここであなたは、対立が生じる個所がどこなのかを学ぶことになります。それは、価値観の違いです。

私たちの職場や家族、そして地域がより多様になっている現在、価値観の対立は避けられないものとなっています。しかし、対立への否定的な対応は避けられます！　対立の解消法というのは、それを避けることではありません。否定的な感情を早い段階で取り除くために価値観の違いを認めて、好奇心をもって対応することです。

引きこもるか爆発したいときに「好奇心のパワー」を使えば、あなたは自分自身の価値と自分が何を望んでいるのかが明確になり、それらを支えるための適切な限度を設定して自らの感情のスイッチを発見し、価値観の対立のなかで自らを助ける方法を学ぶことができるのです。

最後の「パート3・好奇心を使って他者を理解する」では、これまでのすべてを関連づけます。これまでにあなたは好奇心のスキルを学び、それを使って自分自身のより良い理解を得ているので、あなたはそのスキルを他人とのいかなる話し合いにも活用することができます。もちろん、難度の高いやり取りにおいても可能です。ストレスや壊れた関係を避けるために、そして潜在的な対立をプラスの成果と新しい機会に転換するために、あなたはすべての話し合いに使える段階的なプロセスを学ぶことになります。

耳鼻咽喉科のオフィスに戻りましょう。戦闘準備は完了しました。担当の医師に、過去五年間にわたる息子の痛々しい事実について詳しく話しました。驚いたことにその医師は、息子の症状がよくないことも、これまでの経緯を理解することが困難であることにも賛成してくれたのです。そして彼は、落ち着いて私の目を見ながら次のように言ったのです。

「私は、彼が私の息子であると思って治療します。私たちは、必要な答えが見つかるまで質問を続けます」

その瞬間、私は武装解除をして泣きたくなってしまいました。この耳鼻咽喉科の医師からはまだ何の答えももらっていませんでしたし、息子の何がいったいおかしいのかという理解にはまったく近づいていませんでしたが、私は初めてこちらの言うことを聴いてもらえたと感じたのです。

医師は私に「今までとは異なる視点が必要である」と言い、彼の知り合いで、「この町で開業しているベストの免疫学者とアレルギー専門医にコンタクトを取ることからはじめましょう」と提案してくれたのです。

その日、医師のオフィスを出たとき、私は力を与えられたと思いました。私たちは、力をあわせて息子に何が起こっているのかを明らかにしようと努力することになったのです。そして、私たちが好奇心をもって質問をし続けるかぎり、求めている答えが得られると思いました。(5)

この医師の知り合いであるアレルギー専門医にアポを取って診察を受けたところ、アレルギーテストがすべての謎を解明してくれました。テスト項目のなかで、息子は七〇項目以上に対してアレルギー反応を示したのです。食生活を変えて、アレルギーの誘発物質を摂らなくなってから息子は健康になりました。今ではほとんど病気になることもありませんし、四一度の熱を出すこともありません。

諺にあるように、「理解しあえない二人の距離ほど遠いものはない」のです。他人を理解することは、私たちが学び、つながり、元気になり、新しいものをつくり出し、そして協力しあう際の核心となります。そうすることで関係が強化され、私たちの自信は深まり、何でも可能になるのです。

私たちはみんな、理解する力をもっています。そして、それは「好奇心」からはじまります。マハトマ・ガンディー（一八六九～一九四八）は、「世界のなかで自分が見たいと思う変化に、あなたがなりなさい」と言いました。自分自身が実例を示すことで好奇心をもった話し合いが行われるようになり、私たちは世界を変えることができるのです。私たちがすでに知っていることを思い出させてくれる方法が必要なだけなのです。本書では、その方法を教えていきます。

（5）アメリカ映画『ロレンツォのオイル／命の詩（Lorenzo's Oil）』（一九九二年・ジョージ・ミラー監督）は、難病である副腎白質ジストロフィーに悩む一人息子であるロレンツォを助けるため、間断なく解決策を探す銀行家夫妻の実話に基づく物語で、ここでのやり取りに似ています。

もくじ

第8章　落ち着く方法をいつでも利用できるようにする　193

好奇心のパワー——コミュニケーションが変わる

パート1

好奇心のスキル

第1章

なぜ、好奇心?

私には特別な才能などありません。
ただ、
ものすごく好奇心が強いだけです。

アルベルト・アインシュタイン*

* (Albert Einstein, 1879~1955) ドイツ生まれの物理学者。特殊相対性理論と一般相対性理論が有名ですが、光量子仮説に基づく光電効果の理論的解明によって、1921年、ノーベル物理学賞を受賞しました。

子どものときは、誰もが好奇心をもっています。子どもたちは常に質問を投げ掛け、問題を解決し、そして新しい可能性を求めています。その理由は、すべて好奇心をもっているからですし、学びたがっているからです。

好奇心は、子どもにとっては生き残るための術《すべ》です。そうして彼らは学び、仮定を試し、新しい考えを進んで取り入れ、自らができる限界を押し広げて失敗をし、自分たちが（しばしば大人も）可能だとは思っていなかったことをやり遂げてしまいます。子どもたちにとっては時間という制約がなく、「今」しか存在しないのです。

しかしながら、大人になるに従って、私たちはどこか途中で好奇心を失ってしまいます。それは、子どもだったときに連発する質問で親が怒り出すときでしょうか？　親たちは今を生きるのではなく、暮らしのなかでほかにすることを常に考えています。ですから、「そんな意味のない質問はやめなさい」と言うか、質問すること自体に悪い印象を子どもに与えてしまいます。

それとも、たくさんの質問に答える時間もなく、方法も知らない教師が、質問を無視したり、答えを知らない私たちのことをバカだと思わせたりするときでしょうか？

悲しいことに、大人になっても好奇心をもち続けている人はほんのわずかしかいません。私たちは常に次の行動を考え、今起きていることに対する好奇心をもつことのできない、時間に追われる世界に生きています。

『*Overwhelmed: How to Work, Love, and Play When No One Has the Time*（みんな途方に暮れている——時間がないなかで、どうやって仕事をしたり、愛したり、遊べるのか）』の著者で、シンクタンク「New America」に勤務しているブリジッド・シュルテ（Brigid Schulte）へのインタビューが〈グローブ・アンド・メール〉紙(1)に最近掲載されていました。そのなかで彼女は、カナダやアメリカの人たちは時間に制約されていると感じており、その結果、好奇心を失っていると言っていました。

オフィス（仕事場）と自宅が同じ所にある、といった場合が増えています。テクノロジーがすべての動きを監視しており、ソーシャル・メディアによって友達ともつながっています。人びとの期待はとても高くなっており、一度に何もかもやろうとしています。その結果、私たちのコミュニケーションは短く、指示は薄っぺらなものとなり、よく聴いたり、探求したり、理解したりするだけの余裕はほとんどありません。

でも、好奇心は、成長したからといって卒業してしまうものではありません。むしろ今日のリーダーたちによって、好奇心はもっとも大切なスキルとして認められているのです。二〇一一年に雑誌〈フォーブス（Forbes）〉は、「ジョブズは成功したくて、好奇心を発揮したわけではあ

（1）（Globe and Mail）カナダ最大の全国紙。

りません。彼はあまりにも好奇心が旺盛だったので成功したのです」と、スティーブ・ジョブズ(Steven Paul "Steve" Jobs, 1955～2011)の成功を取り上げて、好奇心が「すべての革新的なリーダーたちがもっている共通の資質」として紹介していました。

好奇心とは何か

好奇心は、幸せを得る秘訣である。

ブライアント・マギル(2)

好奇心とは何でしょうか？　そして、なぜ大切なのでしょうか？

私たちは、好奇心を探索心と捉えています。探求心があり、学ぶことや理解することを求めています。好奇心を「詮索好き」と関連づける人もいます。結局のところ、もしほかの人に興味をもったら、詮索好きになっていろいろと個人的な質問をするものです。

しかし、私たちは、この二つには違いがあると思っています。詮索好きな人は質問をし、得た答えを判断します。彼らの目的は、相手について学ぶことではなくて比較することです。多分、誰がいいのか悪いのかを判断するためなのでしょう。それに対して、好奇心は判断を下しません。

それは、より深く理解するために探求することであり、学ぶことです。

理解することに判断することは含まれません。好奇心のある人が質問をするとき、その対象が別の人や考え、もしくは場所やアイディアの源についてであろうと、あるいはより探求することを求めるほかの何かであろうと、彼らの目的はより良く理解することでしかないのです。

ちなみに、神経科学によれば、私たち人間は好奇心をもつように設計されているという研究結果が報告されています。何かに対して私たちが好奇心をもったとき、心地よさを感じさせる物質であるドーパミンとオキシトシンを脳内に排出します。これらのホルモンはいい気分を味あわせてくれるだけでなく、心臓と脳を結び付けてよりオープンな気分にさせてくれます。その結果、理解に基づいた新しい共有体験は、ほかの人たちとの強い絆をつくり出すことになるのです。

新しいコミュニケーションのパラダイム（枠組み）

もちろん、好奇心は私たちの気分をよくするだけではありません。「まえがき」に書いたよう

（2）（Bryant H. McGill）ソーシャル・メディアでもっともアクセス件数の多い作家の一人で、『*Simple Reminders: Inspiration for Living Your Best Life*（簡単に思い出させてくれるヒント——最高の人生を送るためのインスピレーション）』などの作品があります。

表1　古いコミュニケーションの枠組みから新しいコミュニケーションの枠組みへの転換

古いコミュニケーションの枠組み（上下関係、20世紀まで通用した）	新しいコミュニケーションの枠組み（水平関係、21世紀以降に通用する）
伝える／教える	問いかける
評価を下す	認める
責める	責めない
排除する	含める
一つの視点	多様な視点

に、好奇心は私たちを階層的な工業化社会からより協力的な情報化社会に転換することを助けてくれると信じています。具体的には、好奇心が新しいコミュニケーションの枠組みの基礎を形成すると考えています。それは、他者の視点を理解し、多様化する社会の変化を抵抗や危険な兆候としてではなく、前向きな機会として捉える新しい対話を可能にします。

この新しいコミュニケーションの枠組みは、協力、イノベーション、創造性や組織の聡明性などをつくり出すのに使えます。またこの枠組みは、社員のより積極的な姿勢を望んでいる組織だろうと、自分たちの親世代と同じ過ちを繰り返したくないと思っている若い世代だろうと、いかなる状況においても新しい基礎をつくり出すために役立つものです。

この新しいコミュニケーションの枠組みに含まれる具体的な好奇心のスキルを紹介する前に、時代とともにコミュニケーションがどのように転換し、好奇心がその転換にどのように役立つのかについて詳しく見ておくことにしましょう。

「伝える」から「問いかける」への転換

クライアントとの体験を通して、伝える方法というものは、リーダーとして、親として、あるいは誰かと話すときですら、もっとも一般的なものであることが分かりました。人は、誰かに何をするべきかを教え、指示するのが大好きなのです。部下がただ聴いてほしかったときですら、リーダーたちはアドバイスを与えることが「サポートになる」と信じています。

教えるということは、工業化時代の階層的な構造では機能しました。このコミュニケーションスタイルは、伝える者が価値ある情報をもっており、正しい答えを知っており、逆に言えば、アドバイスの受け取り手は伝え手よりも少ない知識しかもっていないということを前提にしていました。

しかしながら、情報化時代においては、人びとは知識に対してより平等なアクセス手段をもっています。もし、何かアドバイスが欲しい場合には、テクノロジーの助けを借りて誰もが自分で答えを見つけることができるのです。

一般的に、伝えるということはもはや歓迎されていません。それをすることは、相手が問題解決できるだけの能力をもたないということが前提になってしまいますので、敬意を欠き、機会を狭め、可能性を潰してしまうものと捉えられています。

伝えてしまうことが効果的なとき――伝えることが大切で、必要なときもあります。長年の経験をもつプロフェッショナルやコンサルタントは、その知識と専門性がゆえに指導を求められることがあります。彼らには、教えること、アドバイスをすること、あるいは指示することが期待されています。彼らを雇うのはそのためなのです。

しかしながら、このアプローチを同僚や家族とのやり取りの場合に使うのは効果的とは言えません。繰り返しますが、（意図する、しないにかかわらず）アドバイスをする者は受け取る者よりも勝っている、あるいは賢いということをほのめかしてしまうからです。

私（キャシー）は長年にわたって保健医療業界でコーチングの仕事をしてきたので、保健医療従事者たちが診断するときや処方するとき、そして患者と接するときなどに効果的な伝え手になれることを知っています。しかしながら、不幸なことに、このやり方を会議などで同僚と話すときにも使ってしまうのです。

たとえば、私がコーチをしている保健医療業界でリーダーのポジションにいるクライアントのなかには、自分が会議を進行するときに、議事次第を次々にこなしたがる出席者がいることを発見しました。最初に発言する人が解決策を提示し、ほかの人たちはそれを受け入れ、話し合いをすることなく次の議題に進みたがるのです。さらに、出席者たちがいい考えをもっており、機会さえ提供されれば大いに貢献できることをリーダーが知っているにもかかわらず、出席者の多くは一言も発言しないのです。

このような状況に対して、リーダーたちはどのようにして好奇心を組み込むことができたのでしょうか？　実は、リーダーたちが「好奇心のスキル」を使いはじめたことで、伝えることからオープンな質問をすることにシフトされ、出席者たちに対話とアイディアの創出を促すことができたのです。

結果的に、彼女たちのチームはより好ましい解決法を考え出すことができました。それは、チームがより積極的に議題に取り組み、結果にも責任をもつという方法です。何人かのリーダーは、議事次第をオープンな質問に書き換えました。そうすることで、出席者たちはテーマに対して好奇心がわき、話し合いに参加しやすくなったのです。

好奇心は、リーダーたちが単に出席者に何をすべきかを伝えるだけではなく、互いをより良く理解しようとする同レベルの出席者になることを可能にしてくれます。それは、今日のリーダーシップにとてもマッチしていますし、話し合いをこれまでとは異なるアプローチで進める可能性も提供してくれました。

このように、伝えることはとても重要なコミュニケーションのツールなので、一つの章をすべて使って説明しました（第４章）。そこで私たちは、「好奇心のスキル」を使ってオープンな質問をどのようにしたらいいかについて示しました。第4章を読むことであなたは、いつ質問をして、いつ伝えたらいいのかということについて、より深い理解が得られることでしょう。

「評価を下す」から「認める」への転換

最近、「私に点数をつけないで！」という言い回しをよく耳にします。多くの人びとが、判断されていることを自覚するようになったからでしょう。それに対して反抗し、はっきりと言っているのだと思います。ところで、私たちはなぜ「評価を下す」のでしょうか？

多くの人びとにとって評価を下すことは、自分がほかの人よりも優れている（あるいは劣っている）ことを確認する対処メカニズムとなっています。それは、自分が人とは違う存在であることを認識する際の助けとなります。

このような状況は日々起きており、私たちの頭の中に住み着いている小悪魔は常に他人の粗探し、を行い、自分のやり方や考え方のほうが他人よりもいいと評価を下しています。そして、評価を下されたことによってある特定の人たちは、自分にはまだ成長するうえで必要なものがある、つまり自分には劣ったものがあることが明らかにされるのです。私たち筆者は、このような状況を、階層的に考えていた工業化時代に後戻りすることだと捉えています。

具体的な例を挙げて考えてみましょう。

あなたが、ある部署のチームリーダーだと仮定してください。そして、そのうちの一人が提出した報告書があまりにもひどい内容だったとします。言うまでもなく、未完成ですし、不正確です。部下がそんなひどい報告書を提出したことで、あなたは困ってしまいます。一方、あなたはその部下がより質の高い仕事ができることも知っています。あなたはその部下と会い、次のような話し合いをしたとしましょう。

リーダー　あなたは、ひどい報告書を提出しました。それは未完成で、不正確なので、とても使えるものではありません。

部下　申し訳ありません。私は、あなたが「私に書け」と指示したことをそのまま書いたつもりなのですが……。

リーダー　いいえ、あなたは私の言ったことを聞いていなかったようです。これは間違いだらけのうえに、様式もおかしいです。あなたが、こんなずさんな仕事をしたことが信じられません。もう一度やり直してください。今度は、ちゃんとした報告書を提出してください！

上司として、あなたはどのように感じましたか？　また、部下はどのように感じていると思いますか？　部下がちゃんとした報告書を書けるようにサポートをしたでしょうか？　あなたと部下のやり取りは噛み合っていましたか？　部下は、より良い報告書を書こうという刺激を受けたでしょうか？　この部下が成長するために、この上司はどれだけ積極的にかかわっていたと思いますか？

さて今度は、この部下に評価を下すのではなく、なぜ彼（女）がそのような報告書を提出したのかについて、好奇心をもって質問をしたと仮定してみてください。

リーダー　今、あなたの報告書を読んだのですが、基準に達しているとは思えませんでした。あなたはどのように思っていますか？

部下　どう考えたらいいか、自信がありません。違ったアプローチがより効果的なのかもしれませんが、先日の会議で提案された方法を採用しました。

リーダー　報告書に記載した情報は、どこから得たものですか？

部下　すべて、クラウドにあるファイルから読み込みました。

リーダー　クラウドにある情報は正確だと思いますか？

部下　ほとんどのものが古いと思います。関連部署の課長たちに直接コンタクトを取って、最新情報を提供してもらうことはできます。そうすれば、より正確なものになります。

リーダー　あなたは、どのような様式を使いましたか？

部下　最後の会議で確認したものを使いました。リーダーは、どのような様式にして欲しいのでしょうか？

リーダー　確信をもって、「これだ」とは言えません。ただ、情報が読みやすいように提示してあれば、各年の推移とともに何が変わったのかが分かりやすくなっていいですね。

部下　リーダーは、各年の変化が分かりやすい様式を望んでいるのですね。私はこれとは違う様式も試しましたので、それをお見せすることができます。こちらの様式であれば、リーダーの希望に沿った、分かりやすいものになっていると思います。

リーダー　ぜひ、その様式を見せてください。私は、他の課長たちに直接情報の提供をしてもらうこともいい考えだと思います。修正された報告書は、いつまでに提出してもらえますか？

部下　すぐに別の様式はお送りできます。同時に、課長たちに情報提供を依頼する文書を送ります。三日以内には情報が得られると思いますので、様式に関する了解が得られれば、金曜日までには修正した報告書を提出することができると思います。

リーダー　それでお願いします。では、あなたが提案する別の様式をすぐに送ってください。また、他の課長たちもその様式を知っていたほうがいいというあなたの提案にも賛成です。じゃ、よろしく！

今度は、どのようなことに気付きましたか？　部下は、どのように感じていると思いますか？　また、二つの事例を比較して、どちらがあなたのリーダーシップに合っていると思いますか？

二番目のやり取りは少し時間を要しましたが、かなり異なる結果を得ることができています。作成された報告書が基準を満たすものではなかった理由がどこにあったのかということに、双方が好奇心をもちました。リーダーは、何が正しくて何が間違っているかということに基づいて部下に評価を下す代わりに、コミュニケーションによって新しい可能性を開きました。そして、報告書を書く様式がほかにもあることや、より良い結果をつくり出すために協力しあったほうがよいことを認めています。

結果的には、二番目のやり取りのほうが、リーダー、部下、そして組織にとっては好ましい報告書になるということが明白です。

人に評価を下してしまうと、その時点で、相手を理解しようとすることを私たちは遮断してしまいます。したがって、相手が選択したものも受け入れなくなってしまいます。それとは逆に、好奇心をもちさえすれば、私たちは相手を理解することを選択し、新しい視点に気付き、一致点を見いだしてそれを発展させ、あらゆることに一つ以上の方法があるということを受け入れられるようになります。

評価を下すのが役立つとき――私たちの社会においては、評価を下すことがしばしば批判されていますが、他のさまざまな習性と同じように、時と場合によっては価値が生じます。評価を下す（＝判断する）ことは、専門家が提案をする際やアイディアをつくり上げる際、その基準として存在しています。また、判断することは、道徳的な問題、安全の問題、あるいは非常事態などの状況においても価値があります。

人びとは、正しい判断が下せることや危機に際して、素早い判断ができるリーダーを求めています。しかしながら、このような判断は、先の例で見たようなものとは異なります。第4章において、好奇心にあふれたオープンな質問をするスキルが「評価を下してしまうこと」から「認めること」に、どのように転換できるのかを紹介します。

「責める」から「責めない」への転換

あなたは、何か言ってはいけないことを言ってしまって対話を終えたという経験がこれまでにありますか？（また、自分がそのことに気付いていない場合はどうでしょうか？）そのとき、どんな気持ちがしましたか？　相手との関係はどうなりましたか？

責められることは、私たちを無力にし、力不足と思わせ、傷つけ、うろたえさせ、そして面目さえも失わせます。不幸にも、責められていると感じることはいつでも起こり得ます。事がうまく運ばなかったとき、責める相手を探し出すということが私たちの社会には備わっているかのようです。職場だろうと、家庭だろうと、ネット上だろうと、直接誰かと話すときだろうと、「責める」という言葉は共通言語になっているようで、私たちはしばしばそれを意識することなくやってしまいます。

人びとは、起こってしまったことの責任を誰かに負わせる必要があると仮定して、慎重に考えることなく結論に飛び付くという傾向があります。私たちは人間ですから、誰しも間違えることがあります。そして、間違えたことで学ぶチャンスが提供されるのです。しかし、そこに「責める」という概念が加わると、せっかくの学びの機会はどのようなことになってしまうのでしょうか？　誰かを責めたときの私たちの期待はどのようなものでしょうか？　また、間違いを犯したことから学べた内容は、どのようにして分かるのでしょうか？

あなたが、事務所を円滑に運営する四人の管理担当者の一人だとしましょう。あなたの仕事には、倉庫を整理整頓しておくことが含まれています。その仕事には、重い箱を持ち運んだり、開梱したり、その中身を誰もが使いやすいように整理することなども含まれています。

あなたが所属する組織は安全性を重視しており、みんなが知っている規則があります。重すぎる箱は一人で運んではいけないことになっているので、その場合は誰かの助けを借りることになっています。

あなたは、三日前に倉庫で作業をしているときに重い箱の移動をしました。その結果、腰を痛めて二日ほど休みました。そして、あなたが事務所に戻ってきたとき、管理担当の責任者であるアンから、安全性を優先するために、今回の件に関して話し合いをもちたいと言われました。

アン　こんにちは。三日前、倉庫で仕事をしていて腰を痛めたそうね。

あなた　はい、たくさんの重い箱を押して運びました。そのうちの一つを別の箱の上に載せなければならなくて、それで腰を痛めてしまいました。

アン　重い箱を一人で運んではいけないという規則があるのに、なぜ一人でやってしまったのですか？

あなた　自分だけでできると思ったのです。

アン　あなたはいい社員ですし、期待もしています。それに、重い箱に関しては規則があることも知っているわけですから、腰を痛めるようなことは二度としないでください。

あなた　分かりました。

管理担当として、アンのオフィスを出るときにどんな気持ちがすると思いますか？　もし、あなたが部下だったら、上司としてのアンに対してどのような感情をもったでしょうか？　次に似たようなことをする際の助けになるようなことは学べましたか？　また、上司のアンは、あなたが二度と同じ過ちを起こさないことを確認したでしょうか？

現実は何も変わりませんでした。そして、何ら学ぶこともありませんでした。あなたは責められたと思いましたし、心配されたので同じ過ちは起こすまいとは思ったでしょうが、何も学んでいないので、同じ過ちを起こす可能性は依然として残ったままとなります。行動を変えるためには、また同じことが起こらないためには、違ったやり方を学ぶ必要があります。

事務所の管理責任者であるアンが、あなたを責めて変わることを期待する代わりに、実際に何が起こったのか、また二度と同じ過ちを犯さないためにはどうしたらいいのかということについて興味をもっていたら、どのようになっていたでしょうか？

アン　こんにちは。三日前、倉庫で仕事をして、重い箱を運んで腰を痛めたそうね。腰の調子はどうですか？

あなた　大分よくなりました。

アン　重い箱を運ぶときの規則があり、それが倉庫に貼ってあるにもかかわらず、なぜそんなことになってしまったのですか？

あなた　はい、規則は知っています。持ち上げて運ぶつもりはなかったのです。必要な所まで、床の上を移動させればいいと思ったのです。上司の一人から箱がタイミングよく開梱されないという苦情を受け、速やかに対処するように言われたのです。助けてくれる人が誰もいませんでしたので、床の上を押して移動させることにしました。

アン　なぜ、あなたを助ける人が誰もいなかったのですか？

あなた　みんながまだ休み時間の間に仕事をはじめようと思ったので、助けてくれる人が誰もいなかったのです。そして、言われたことを速やかに終わらせれば、上司も喜ぶと思ったのです。その日は、ほかにもしなければならないことをたくさん抱えていました。

アン　みんなが休んでいるときに、あなたはなぜ休憩を取らなかったのですか？

あなた　休憩は必要ないと思ったのです。と同時に、倉庫をできるだけ早く整理したいとも思ったので、休憩を取らないことにしたのです。先ほども言いましたように、その日はほかに終わらせないといけない仕事をたくさん抱えていましたので。休み時間に倉庫の整理をしてしまえば、全部を終わらせることができると思ったのです。

アン　今は、どんな方法でやったらいいと思っていますか？

あなた　その日の午後にしようと思っていたコピーをとる作業を昼休みにやって、誰かが戻ってきたら、助けを借りて箱を運べばいいと思っています。でも、助けを借りることは、私は好きではありません。

アン　あなたは速やかに仕事をこなす社員であり、すべてを終わらせたいと、努力をしてくれていることに関してはとてもありがたく思っています。同時に、誰にとっても、助けを乞うことが容易でないことも分かっています。でも、わが社は、社員の安全第一をとても大切にしています。次回同じような要求が出されたとき、安全性を守るためにつくった規則を着実に実行するために、あなたはやり方をどのように変えますか？

あなた　誰かに、倉庫が散らかっているとか、未開梱の箱が多いとか言われて、慌てて仕事をしなくて済むように、常に倉庫が整理整頓された状態になっているように努力します。一日の間には、誰かの助けを借りられる時間がたくさんあることを知っていますし、日ごろからそうすれば倉庫を整理された状態に保つことができます。

また、自分の仕事の優先順位を付けることで、誰かの助けが得られないときは一人でできる仕事をするようにします。さらに、ストレスがたまったり、仕事をやり過ぎたりしないように、休みもしっかり取るようにします。

アン　それはとてもいい案だと思います。それを遂行するためには何が必要だと思いますか？

あなた　腰を痛めるのは、もうこりごりです。誰かの助けを借りることを学びましたし、今度はそれができると思います。

アン　話ができてとてもよかったわ。もう二度と腰を痛めないようにお願いね。

あなた　ありがとうございます。失礼します。

この話し合いのあと、管理担当としてあなたはどんなことを感じて、何を学びましたか？　あなた、もしくは上司のアンは、どのように感じていると思いますか？　そして、上司としてのアンをあなたはどのように思いますか？

二つのアプローチを振り返ってみましょう。二番目のやり取りは、より多くの時間がかかりましたが、決して長い話し合いとは言えません。好奇心に根ざしており、学びと行動を変えるための機会を提供していました。相手を責める余地が一切ありませんでした。

誰かを責めることは容易で、それをすると気分がよくなるかもしれませんが、上司（あるいは親）にとってそれがよい結果をもたらしてくれることはあるでしょうか？　責めることは、学びや結果責任、そしてよい関係の構築に役立つでしょうか？

責めるのが役立つとき――確かに、多くの社会では、善悪の判断を維持するために、相手に責任を取らせるという方法（結果的に罰することも）を採用しています[3]。しかし、そのような状況以外では責めることが役に立たないこともよく知っています。事実、学びをもたらしませんし、学びなしでは行動の変容をもたらすことも極めて困難なのです。

少しの時間を取って、自分はどれくらいの頻度で誰かを責めているか、振り返ってみてください。もし、責めることを好奇心に切り換えたら、どれだけの可能性と機会をつくり出せると思いますか？　このあとの三つの章では、責めることを回避して、好奇心を抱かせてくれる具体的なスキルを紹介していきます。

「排除する」から「含める」への転換

今日の組織、リーダー、家族のニーズを振り返ると、特筆すべき特徴の一つとして「みんなを含めること」があると思います。なぜでしょうか？　言うまでもなく、「みんなを含めること」は、誰もが最終的に求める価値観である「協力的な関係」を支えるからです。

それにもかかわらず、多くのリーダーや組織、そして家族は古いパラダイムの言葉を使い続けています。つまり、一番年長の者や知識や経験のある者、そして裕福な者がすべての決定を下しており、その決定について、ほかの人たちと話し合う余地がほとんどないのです。結果的には、「みんなを排除すること」で物事は進められているということです。

今日、そのような人たちが、企業の社長か、ＣＥＯか、重役を務めています。彼らは、ほかの人たちが考えを差し挟む余地があるとは思っていません。どうせそれらは不適当なことだろうし、そもそも間違っていると捉えています。しかしながら研究の結果は、「みんなを排除すること」

は間違っているということを証明しています。たとえ天才がいたとしても、「みんなを含めること」に勝る方法はないというのです。そのような環境では、全員の考えが聴かれ、協力的な関係のもとで解決策が考え出されることになります。

「みんなを排除すること」は、親（や年長の子ども）が意思決定の際に家族を含めないというケースにも見られます。一般的に、家族の考えを踏まえることなく、すべての意思決定の責任は自分にあると思っている親が多いものです。たとえ、家族が大人であった場合でもです！　家族のニーズを無視すると、その家族の者は、自分たちは認められていない、聞いてもらえない、理解されていない、という意識をもつことになります。

親である私（カーステン）は、最近、子どもたちのサマーキャンプについて友人と次のようなやり取りをしました。

その友人は、私に対してとても腹を立てていました。彼女の子どもたちと同じグループに私の子どもが登録をしなかったからです。私は自分の子どもたちに、「どのグループに入りたいですか？」と尋ねたところ、子どもたちは「別のグループに参加したい」と答えたのです。しかし、彼女の子どもたちは、私の子どもたちと同じグループでないとサマーキャンプには行きたくない

（3）　私たちの社会で責めるのが役立っているのは、犯罪者たちに対してです。

と言うので、私が責められたというわけです。

「あなたは、なぜ子どもたちに選ばせるの？　彼らはまだ子どもよ。自分で決められるはずがないでしょう」というのが、彼女の反応でした。このような考え方をするのが彼女だけではないことを私は知っています。しかし一方では、自分の子どもたちがしっかりとした選択ができることを知っています。

子どもたちのことを一切理解しようとせずに、自分の子どもたちよりも親のほうが子どものことをよく知っていると考える親は、いったいどんな存在と言えるのでしょうか？　子どもたちに意思決定のプロセスに参加させることなく、将来よい選択ができるようになってもらうことを期待することはできるでしょうか？

数日後、私の七歳になる息子は、私たちに相談することなしに親が登録しているアマゾン・プライム・アカウントにログインして、自分と妹のためにオモチャを注文したのです。そのことをあとで知って、彼になぜそんなことをしたのかと尋ねました。私と夫がいろいろなものを購入するためにアマゾンを使っていることを知っている息子は、「なぜ、自分と妹が同じことをしてはいけないのか」と答えました。そこで、私たちは話し合いを行いました。息子が「コンピュータを使うとき」と「何かを購入するとき」は、親に相談しなければならないことを説明しました。

親として、私たちは子どもたちの人生のすべてにかかわりたいと思っています。しかしそれは、ほとんどの状況において子どもたちを無意識に排除してしまっていることになります。そのほうが早いし、簡単だし、親が期待する成果が得られやすいからです。

アマゾンでの購入について、「どのように対処したらいいか」と息子に尋ねたところ、許可なしで購入したことに対する対処法も含まれた代金の返済計画を考え出したのです。その対処法と計画が、私たちが提案しようとしていたものよりもはるかに中身の濃いものでした。やり取りはとても面白く、息子が主導権をもっていました。

好奇心というアプローチにおいて追加できる価値は、結果責任(4)についても導入できることです。排除するアプローチを使ったときは、誰しもが意思決定のプロセスに参加しないわけですから、最終的な結果に責任をもつ機会が提供されません。それに対して、誰かを含めるアプローチを使ったときは、最終的な結果を設定して、それを達成するための合意を得るという結果責任を導入することができます。

多くの親は、自らが子どもたちの監督者だと思っていることを私たちは認識しています。つまり、とくに躾《しつけ》が必要な状況においては、排他的で他者を支配しようとするアプローチを好みます。

(4)　原書には「アカウンタビリティ」と記されています。通常、日本で訳されている「説明責任」ではなく、本来の意味での「結果責任」とあえてここでは訳します。

これが多くの親にとって関心の高いテーマであることも、私たちはもちろん認識しています。私たちは親として、そして子どもとして、より包含的なアプローチのほうが価値のあることを体験してきました。

娘のカーステンがまだ子どもだったころ、私（キャシー）は意思決定の際、時には排他的に、そして時には包含的に対処しました。そして、含めることのほうがより効果的であることを学びました。いったい親は、自分のほうが子どもよりも優れていたり、賢かったりという形で、いつまで排他的な立場を続けることができるのでしょうか？　子どもが博士号を取得して大学院を卒業したり、会社の社長になったりしたとき、親は排他的であり続けられるのでしょうか？　立場の転換はいつ起こるのでしょうか？

私がまだ若くて大きな組織のなかでセラピストとして働いていたとき、一人の同僚が、「子どもたちは、すべて小さな人間である」という考え方を教えてくれました。これは、子どもたちの考えに耳を傾けること、そして必要なことや欲していることを理解することも含めて、子どもたちには敬意をもって接する必要があるということです。

時には、自分の子どもたちのことを十分に理解できなかったこともありますが、可能なかぎり娘たちを含めるように努力しました。彼女たちが安全で守られていると思えるように努めながら、彼女たちの意見を求め、質問に答え、彼女たちの考えと知恵を認めようと努力したのです。

「一つの視点」から「多様な視点」への転換

この地球上には約七〇億の人びとが住んでおり、その一人ひとりが体験に基づいたユニークな考えをもっています。時には、自分たちの考えがほかの人の考えに似ていると思えることもありますが、好奇心をもって少し掘り下げてみると、その人たちの考えが自分のものとは違うという、理にかなった証拠を見つけることができます。古い枠組みのもとでは、人は自分の考え方が唯一のものであると仮定してしまうものです。それは、高い地位にいる人の考えを優先するという上下関係のモデルを促進することになります。

しかしながら、フラットでオープンな情報化社会においては、誰もが自分と同じように考え、体験するとは仮定することができません。(5) 誰もが固有の考え方をもち、多様な考えを歓迎する状況になりつつあることを私たちは認識しはじめています。自分の視点しかもっていない人が、どうやってほかの人を理解できるというのでしょうか?

私たちは、「自分の考えを放棄すべきだ」と言っているわけではありません。私たちは、自分の考えが正しいと思う間は、それをしっかりともち続けることができます。と同時に、ほかの人の考えのよさも認めることができるのです。もちろん私たちは、ほかの人の考えに異を唱えるこ

---

(5) 情報化時代だからこそ、自分と同じように考えて、体験をすると、錯覚を起こす度合いも増すような気もしますが……。

ともできます。そして私たちは、ほかの人の考えと、それを裏づけることからさまざまなことを学ぶことができるのです。

私たちは、多様な考え方が認められると思いながらも、自分の考えがほかの人の考えと対立するときには、しばしば違った考えを認めることができないと思ってしまうものです。

たとえば、配送部門の責任者は、過去二五年間、毎日荷物を積み込み、そして降ろしてきました。責任者の考えでは、荷降ろしの際、重いものは最後にとっておいて、持ち運びが楽なもっとも小さなものから降ろすべき、となっています。そして、もっとも重い荷物が降ろされたらトラックは出発となります。それから、重い荷物をフォークリフトの荷台に載せ、その上に小さな荷物を載せて、最終的に保管場所に移動していました。

ところが、新しく担当になった社員が荷降ろしをはじめたとき、先に重い荷物を降ろして直接フォークリフトの荷台に並べ、小さな荷物をそれらの上に置いたので、保管場所にはすぐに移動することができました。

もし、責任者が自分の考えを唯一の方法だと信じ込んでいたら、新しい担当者のやり方を修正し、これまでどおりの方法でやるように指示したことでしょう。それに対して新しい担当者は、責任者のやり方は効果的な方法ではなく、あえて必要のないステップを入れた形で荷降ろしを続けるやり方に不満をもったことでしょう。

しかしながら、新しい担当者が好奇心をもって自分の考えが唯一ではないと思えたならば、責任者がその方法を身につけた背景には、荷台が古くて弱かったとき、配送用のトラックからできるだけ早く荷降ろしをする必要があったことを学ぶかもしれません。同じように、もし責任者が新しい担当者の考えに好奇心をもったなら、現在は新しくて強い荷台に変わっているので、追加のステップが必要ないことを学ぶかもしれません。また、お互いが協力することによって、効果的で、しかも効率的な別のアプローチを考え出せたかもしれません。

もし私たちが、協力、イノベーション、理解、強固な関係をもたらしつつ、敬意をもったやり取りをしたいなら、ほかの人たちの考えに好奇心をもつ必要があります。そして、もしほかの人の考えを理解することができたなら、共通の基盤を見いだすことができるでしょう。そうすれば、誰にとっても得るところがある協力関係を築くことができるのです。

どうしたら好奇心がもてるのか

クライアントとともに、私たちは好奇心がもたらす利益と効果を体験しました。自分の言うことを聴いてもらえない、理解されていないと従業員や責任者から聞いたときには、私たちは以下の三つの「好奇心のスキル」を紹介することからはじめています。

❶「今、ここ」に集中し、相手に焦点を合わせる。
❷ 聴き方を選択する。
❸ 相手への好奇心を示すオープンな質問をする。

これら三つのスキルが一緒になると、気付きが増え、やり取りが活発化され、協力を推進し、継続的に学び続けることに焦点を当てた、責めあうことのない雰囲気が構築されます。そのうえ、日々の話し合いで使うことのできるコミュニケーションの方法も提供してくれます。これら三つのスキルは、信頼をベースにした強固な関係を築くためにも役立ちます。従業員は、自分がしっかり見られている、聴かれている、そして理解されていると感じはじめます。

いかなる年齢の子どもや親でも、理解してもらえる効果的な関係を築くことができれば、家族間での話し合いが増えていきます。私たちが相手を理解しようとするときには、相手の正当性を認め、一人前として認めたりするものです。これは、とくに子どもたちにとってはとても貴重な体験となります。読者のみなさんもその恩恵が得られるように、以後の三つの章において三つの「好奇心のスキル」を紹介していきます。

第2章

「今、ここ」に集中する

過去に対して、私は何もできない。
未来に対しても。
私ができるのは、今だけだ。

ラルフ・ウォルドー・エマーソン*

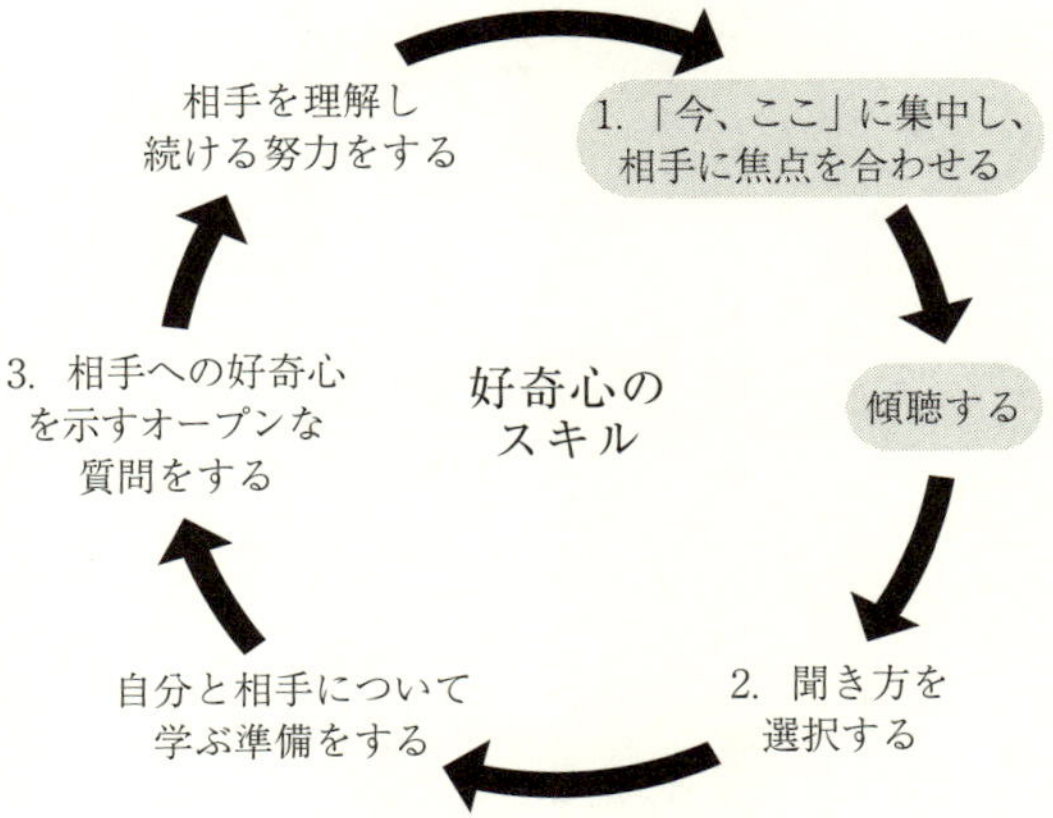

相手を理解し
続ける努力をする
1. 「今、ここ」に集中し、
相手に焦点を合わせる
傾聴する
2. 聞き方を
選択する
自分と相手について
学ぶ準備をする
3. 相手への好奇心
を示すオープンな
質問をする
好奇心の
スキル

* (Ralph Waldo Emerson, 1803～1882) アメリカを代表する思想家、哲学者、作家、詩人、エッセイスト。超越主義者であるヘンリー・デイヴィッド・ソローの師であり、友人であることでも有名。

最近、私（カーステン）はＵＣＬＡで開催されたマインドフル[1]なリーダーシップのワークショップに参加しました。ワークショップの初めに、自分が日々の暮らしのなかでどれだけ「今、ここ」の状態にあるのかをチェックするエクササイズを行いました。

その質問表に答えるに従って、いかに見逃しているのかが明らかになりました。密かに、自分はジェダイ[2]になって、毎日しなければいけないたくさんのことを完璧にこなすために、常に一歩先を行っていると思っていました。

私はヨガと瞑想をしていましたので、「今、ここ」に集中することについては知っていると思っていました。質問表を見つめ返すことから見えてきたことは、ジェダイになりきっていたどころではありませんでした。はっきり言うと、ジェダイのもっとも大切なルールである「今、ここ」を生きることを忘れていたのです。

あとで、このことについて振り返ったとき、私の「今、ここ」が欠落していることが自分の子どもたちの生活に大きな影響を及ぼしていることに気付きました。もし、「今、ここ」に自分がなければ好奇心をもつことはできません。自分の子どもたちについて大好きなことの一つは、彼らは常に「今、ここ」を生きていて、一貫して好奇心をもっているということです。

彼らは、ほかの生き方を知りません。なのに、私がしていることは何でしょう！　彼らを「今、ここ」から引き剥がして、常に子どもたちを次にすることへと追い立てているのです。「今、ここ」にあり、好奇心をもち、振り返り、あるいは発見する時間も空間も私は提供していないのです。もし、親がリーダーシップに関する最初の影響を及ぼす立場にあるとしたら、私はいったい自分の子どもたちにどんな見本を示していたのでしょうか？

日々の忙しい生活のなかで、どれだけ気を散らされているのかということに関して多くの人たちは気付いていません。注意力が散漫になると、関係を築いたり、リーダーや親、また同僚として影響を及ぼしたりする際の能力を妨げることになります。帰宅途中にしなければならないこと、電子メールやSNSで返信しないといけないこと、開かないといけない会議のこと、そして夕食のおかずのことなど、たくさんのことを考えながら誰かと話し合いをしようとすることは、「今、ここ」に集中することを不可能にし、完全に聴くことの妨げとなります。

---

(1)「mindful」を日本語に訳すことは容易ではありませんが、「いろいろな視点から物事を捉えることができ、新しい情報などに心が開かれており、細かい点をも配慮することができ、従来の枠よりもはるかに大きな人々の可能性を信じることができる」ことを指しています。反対の「マインドレス（Mindless）」は、「物事への注意を欠いたり、柔軟性や応用力のない心の状態」を指します。この比較は、拙著『校長先生という仕事』（平凡社、二〇〇五年）の二一八～二一九ページで行いました。伝統的なリーダーとマインドフルなリーダーを比較する表も掲載されています。この表を見てみたい方や関連書籍を知りたい方、およびカーステンが回答した質問表を入手されたい方は、pro.workshop@gmail.com（吉田）宛にメールをください。

(2)映画『スター・ウォーズ』に登場する正義の戦士です。

ワーキングマザー（仕事をもった母親）であった私（キャシー）は、常にたくさんのことが頭の中にありました。いつも気が散っていて、何かや誰かに全神経を集中させることがほとんどできませんでした。年月を重ねるにつれて、私のやり方が間違っていたことを学びました。誰かの言うことを本当に聴けるようになり、集中できるようになると、私は理解したことをベースにして、二人の人間が関係を築くことは極めて容易であることに気付いたのです。

「今、ここ」に集中することを選択する

「今、ここ」に存在することは、日々の一瞬一瞬においてできる選択です。これこそが、私たちができるもっとも重要な選択だと主張する人たちもいるぐらいです。考えてみると、もし「今、ここ」に自分が存在しないとしたら、あなたは自分の外と中にある二つの世界を完全に体験していないことになります。

もし、あなたが本当に「今、ここ」に存在しないなら、あなたはどんな日々を送っているのでしょうか？　あなたは、どんな関係を築いているのですか？　そして、もっとも重要なことですが、あなたはどんな自己理解と他者理解を深めているのでしょうか？

私たちにとって、「今、ここ」に存在するということは、「今、ここ」に集中することを意味し

ます。もし、私たちが「今、ここ」に存在すれば、私たちは一時間前にしたことや次にしなければならないことについて考えてはおらず、今起こっていることに集中することができます。

これは、言うは易く行うは難し、です。実際、あなたは「今、ここ」を読みながら、ほかにしなければならないことや、したいと思っていることについて考えていませんか？　それこそが、「今、ここ」に存在しないという証明になります。

「今、ここ」に存在するということは、私たちの頭の中で起こるくだらないおしゃべりを止める必要があることを意味します。過去に何が起こったのか、未来に何が起こり得るかといったことから、自らを自由にさせなければなりません。

極めて意識が高い状態に自分を置く必要があります。とても好きな音楽を聴いているか、本を読んでいて、我を忘れている状況を想像してみてください。あるいは、森の中を歩いているか美術館を訪問していて、自分の周りのことだけを感じていると思ってください。そんなとき、あなたは「今、ここ」に存在していて、「今、ここ」で起こっていることだけに集中しています。

「今、ここ」に存在する状態は、私たちそれぞれの意識のなかにある、落ち着ける場所を見いださせてくれます。それは、自分自身が安らげたり、この瞬間に起こっていることに集中できたりすることを意味します。そしてそれは、好奇心をもって話している相手が言っていることを、意図的に聴くことができる唯一の方法ともなります。

「今、ここ」に集中し、相手をしっかりと理解する

気を散らされ、時間の制約がある世界において私たちは、「今、ここ」に集中して、私たちに向けて言われたことに対して本当に聴くこと、あるいは相手をしっかりと理解する（ＡＢＳＯＲＢ）(3)必要があります。

しっかりと自分のなかに取り込もうとすれば、「今、ここ」に集中し、聴くことができます。それは、三つの「好奇心のスキル」のなかで最初のスキルとなるものです。「ＡＢＳＯＲＢ」とは、以下の六つの単語の頭文字です。

Ａ＝Attention（注目する）
Ｂ＝Body Language and Tone of Voice（ボディー・ランゲージと声のトーン）
Ｓ＝Stop and Focus（すべてを中断して、集中する）
Ｏ＝Open to Understanding, Not Judging（評価を下すのではなく、理解する）
Ｒ＝Repeat through Paraphrase（相手が言ったことを言い換える）
Ｂ＝Becalm the Gremlins（小悪魔を黙らせる）

注目する

　ほとんどの人が、「聞くこと」と「聴くこと」の違いを理解しています。「聞くこと」は、耳によって受け取られる感覚的なデータを知覚し、それが脳に送られ、識別可能な音に変換されることです。一方、「聴くこと」は、その音に注目するということです。私たちは、何を聞くかを選択することはできませんが、鳥の囀《さえず》りだろうが、同僚との会話だろうが、何に注目するかを選択することは常にできます。

　たった今、この原稿を書いている私（キャシー）は、寝かしつけられている孫の泣き声を聞いています。家の中の部屋や家の前を通る車など、ほかにも私の周りから雑音が聞こえてきます。それが何なのかを知るために、それを聴こうとして、それらの雑音の一つに注意するという選択ができますし、あるいは、背景の雑音としてそれらを無視するという選択もできます。

　孫の泣き声を選択すると、彼の泣き声の質を聴き取ることができました。まだ眠りたくないという孫の欲求不満を感じることができます。でも、彼がすぐに眠ってしまうことも分かります。私は、彼に注目することで彼を聴いているのです。そして、私の周りにあるほかのすべての雑音

（3）　語呂合わせで「ＡＢＳＯＲＢ」という単語が使われていますが、「しっかりと理解する、自分のなかに取り込む」という意味があります。

を無視するという選択をしたのです（したがって、単に聞くだけ）。

会話のなかで全神経を相手に集中させたとき、「今、ここ」が実現され、注意をそらすことなく傾聴する準備ができたことになります。注目することを、筆者の私たちは会話のなかで準備ができている状態と捉えています。それは、話し手が何を言わんとしているのかについて傾聴し、それを理解しようと好奇心をもつために必要なこととなります。

私たちの多くは、聴くときに不可欠となる注目に関する意識が足りません。その代わり、私たちは過去や未来に関する考え、疲れや空腹、あるいは周りの雑音などによって注意をそらされてしまいます。それらはすべて、「今、ここ」に集中しようとする能力と競合しています。

人は、一度に一つのことにしか注目できません。したがって、まずすべきことは、会話の相手に全神経を集中し、ほかのすべての考えや気を散らすものを保留状態にします。もし、この選択ができたなら、あなたは単に受動的に聞くのではなく、話し手が言うことに傾聴しはじめることができます。

クライアントのなかに、会話の際に気を散らしていたことに気付き、その状態から抜け出して「今、ここ」に集中するために、指を鳴らすか、自分の体をつねることが効果的であるということを発見した人たちがいます。そうすることによって、クライアントたちは話し手に全神経を注いで傾聴することができるようになるのです。

ボディー・ランゲージと声のトーン

「今、ここ」に集中しようとして注目すると、言語と非言語メッセージの両方がよく認識できるようになります。言語メッセージには実際に話された言葉が、非言語メッセージには身振り・手振りや声のトーンなどをはじめとしたコミュニケーションの要素が含まれます。これら二つの要素の不一致が、誤解や対立、そして壊れた関係などをもたらすことを私たちは学びました。

ＵＣＬＡの名誉教授で心理学者のアルバート・メラビアン（Albert Mehrabian）は、感情や態度を含めたコミュニケーションが行われたとき、実際に話された言葉がメッセージの伝達に占めた割合はわずか七パーセントで、言葉がどのように話されたのか（声のトーン）は三八パーセント、そして顔の表情や身振り・手振り（ボディー・ランゲージ）は五五パーセントであったことを発見しました。

たとえば、ギュッと口を結び、力強く腕組みをしていた人が、ぶっきらぼうな調子で「彼女の意見はまったく問題ありませんでした」と言ったとします。この人の発言から、あなたはどのようなメッセージを受け取りますか？

聞き手は言語メッセージを理解したでしょうが、発言のトーンや顔の表情、そして身振り・手振りなどの非言語メッセージは、実際に発せられた言葉とは異なるメッセージを発信していました。話し手に感情が関与すると、発せられた言語メッセージと非言語メッセージの間にしばしば不一致が起こります。そして、それは聞き手を混乱させます。全体のメッセージ伝達の九三パーセントが非言語メッセージなのですから、私たちは非言語メッセージのほうに注意を向けがちとなるのです。

ほとんどの人が、同僚や配偶者が本当はやりたくないことをやらされるときの反応を観察してきたはずです。その反応からは、声のトーンや顔の表情を通して、その人が腹を立てていることや、要求に従うことに不満をもっていることがはっきりと伝わってきます。すべてのサインが、話し手が伝えようとしている真のメッセージを理解する助けになります。

言語と非言語メッセージの不一致は、大人のコミュニケーションに限定されるものではありません。子どもたちも、非言語メッセージを最初に表すときには大人と同じような表し方をすることを私たちは見てきました。子どもたちが足を踏み鳴らして、腕組みをしているときに「何か問題ありますか?」と尋ねたら、「何もない」と答えることでしょう。しかし実際は、足を踏み鳴らす速度を速めたり、泣き出したり、何かを投げたり、誰かを叩いたりするかもしれません。つまり、感情に乗っ取られてしまっているのです。

その結果、争いや混乱を招くかもしれません。次に何をしたらいいのか分からないのです。大人として、彼らの非言語メッセージを読み取って、感情に圧倒されてしまっている子どもを理解してあげるべきです。

私たちにとってのチャレンジは、子どもたちが話すことを傾聴することです。そうすることによって、本当に伝えたいと思っていることを私たちは理解することができるでしょう。

コーチングの仕事を通じて、私（カーステン）は常に自分のありのままを表現できることの大切さを学んできました。それが足りないと、友達や家族、そしてクライアントとの関係に悪影響を及ぼすことになります。ひょっとしたら、仕事を失うことになるかもしれません。

多くの人が自分を表現できないのは、その方法を教えられなかったからだということも知りました。あなたは、自己表現においてどのくらい苦労していますか？　とくに二人の小さい子どもの母親として、少なくとも私はまだ苦労をしています。

大人やリーダーになるにつれて、子どもたちは私たちの対処能力（あるいは、そのなさ）に影響を受けるわけですが、そのなかで自分の感情をコントロールする方法について私は学んできました。感情的になるときに、自分の身振り・手振りや表現の不一致について意識をしていなければ、相手のなかにそれらを見つけたり、理解したりすることは困難となります。

誰もが、目線や顔を合わせずに腕組みをしたままか、こちらの言うことに関心を示さずにコミュニケーションをとる人、つまり「今、ここ」に存在しない人たちと会話をしたという経験をもっています。

もし、上司がそのような身振り・手振りを使ったとしたら、部下はどのような気持ちになるでしょうか？　かなり傷つくかもしれません。ひょっとしたら部下は、叱られるか、あるいは解雇されるのかと心配しはじめるかもしれません。不安が立ち込め、同僚たちとの間でオフレコの話が飛び交うことになり、結果的に生産性や仕事の質の低下を招くことになります。

すべてを中断して、集中する

さまざまな要求がある暮らしのなかで、私たちはたくさんの仕事をこなすことを（他者からはもちろん、自分自身からも）期待されています。時間的な制約のなかで、しかも、時には同時にたくさんのことをこなしています。このような状況は、私たちに「今、ここ」に集中することをとても難しくさせてしまいます。

多くのことをこなしているなか、ある人は自分のことに注意を向けて欲しいと思っているかもしれません。その人たちには、質問があるかもしれません。もしくは、私たちのアドバイスや指示が必要かもしれませんし、私たちの意見が欲しいだけかもしれません。しかしながら私たちは、そのときしていることを中断して、時間を割いて聴くことをしようとはしません。

私たちは、料理をすること、メールを送ること、テレビを見ることなど、自分が行っていることをしながら聞こうとしてしまいます。その結果として、両方ともうまくできないことを発見します。つくろうとしている料理に大切な材料を入れ忘れたり、大切なメールやテキストのなかで間違いを犯したり、俳優が言ったジョークの落ちを聞き逃してしまったりします。そして、「今、ここ」に集中する状態で聴かなかったために、話し相手の言ったことが理解できなかったりしてしまうのです。

もし親に、子どもたちと過ごすことと、やるべき仕事をすることのどちらが大切かと尋ねたら、ほとんどの人が子どもたちと過ごすことを選ぶでしょう。同じように、ほとんどのリーダーは、部下の報告を聞くことや、同僚やクライアントと話をすることのほうが大切だと言うでしょう。しかしながら、リーダーが部下やクライアントと話すことを選び、そして親が子どもたちと一緒に過ごすために時間を割いたら、彼らは自らの責任が果たせていないという罪悪感をもっていることに私たちは気付いたのです。

その一方であなたは、子どもたちや同僚と時間を過ごしているとき、仕事に関係することを見逃したくないので、電子メールやテキスト、そしてＳＮＳを頻繁にチェックしていませんか？　あなたは関係を築くことの価値と大切さを理解していながらも、その理解とは逆の行動をとってしまっているのです。

それを引き起こしているものは何だと思いますか？　そして、なぜ私たちの社会は仕事をやり遂げることをより重要視しているのでしょうか？　仕事のために「今、ここ」に集中することや人間関係を犠牲にしたとき、どのような代償を私たちは払うことになるのでしょうか？

とくに、子どもたちが小さいとき、子どもたちが話しかけているときにほかのことをするという選択をし、実は子どもたちが話すことを少ししか聴いていなかったという親が多いことを発見して、私（キャシー）はとても悲しくなりました。親たちは、自分の子どもといるときに、どれくらい「今、ここ」に集中しているでしょうか？　同時に、同じ親たちが、一〇代となった子どもたちが自分の言うことを聴いてくれないことに対して愚痴をこぼしているという状況にも興味がそそられます。

一〇代の子どもたちが「今、ここ」にあらずの状態で、わざとではなくても聴かないのは、彼らに親という素晴らしい手本が存在するからだと私は思っています。たくさんのことを同時にやることができ、四六時中つながる専用の携帯電話を持ち、自分の世界に夢中になる年齢に達したら、人の話をまともに聴かなくなることも当然なのです。

他人が何を言わんとしているのかについて理解したいなら、私たちは「今、ここ」に集中して、発言者に焦点を合わせる必要があります。焦点を合わせるということは、ほかにしていることを中断して、意図的に発言者に注目することを意味します。それが「傾聴する」ということです。そしてそれが、発言者が言わんとしていることを理解したいという敬意の表し方なのです。

もちろん、これは理論としては素晴らしいことです。しかしながら、もしあなたが守らなければならない締め切りを抱えていたり、どうしても話さなければならないと思っている相手が割って入ってきたときにはどうしたらいいのでしょうか？

たとえば、あなたがいつでも誰でも歓迎するポリシーを掲げている上司だとして、どうしてもすぐに返信しないといけない電子メールを書いていたときに部下の一人があなたのオフィスに入ってきたときはどうしますか？　メールを終わらせなければなりませんし、何を書くべきか分からなくなることも避けたいので、あなたは書くことをやめません。したがって部下は、仕事を完成させるためにあなたから情報を得ることが不可欠であるにもかかわらず、それがかないません。結果的に、部下がオフィスに入ってきたことさえ、あなたははっきりと気付けませんでした。

このような状況になると、二人はどうしたらいいのかが分からないし、誤解が生じてしまうことにもなります。

私たちが行っているワークショップでは、両方の役割を実際に演じたことのある参加者から、「このような状況ではどうしたらいいのか？」と尋ねられます。私たち自身の似たような経験と、ほかの人たちからのフィードバックも踏まえて、私たちは次のように答えています。

もし、中断する時間がないときは、まずは「今、ここ」に集中して話を聴きます。そして、両者が納得するミーティングの時間を設定します。そうすることで、部下が言わんとすることに焦点を当てることができます。

部下との話をはじめる前に、書いている電子メールを終わらせたり、電話をしたり、あるいはやりかけの仕事を終わらせるために少しの時間を求めることは、部下の話を傾聴したいということの表明になります。中断して集中するとき、私たちは相手を理解し、敬意を払いたいのだということを示しています。それは、相手がコミュニケーションを取りたい、あるいはとる必要がある事態をしっかりと受け止めていることになります。

もし、部下がその場での話し合いを求めたときは、その要望を判断するのに必要なだけの時間を中断することはできます。ここでも私たちは、相手のことを聴きたいし、言おうしていることに焦点を当てたいというメッセージを送っています。急用なときは、すべてを中断し、そのことに集中すれば短い時間で済むことを私たちは知っています。

対処する方法は極めて単純なものです。もし、邪魔をされたくない仕事をしているときは、「どのくらいの時間が必要ですか?」と尋ねるのです。もし答えが「五分」なら、そのくらいの時間を割けないはずはありませんから、自分のしていることを中断して、焦点を当てて五分間傾聴します。そして、もし五分間で問題が解決しなかったときは次のように言うのです。

「これは、最初に考えたよりも問題が複雑そうね。あなたの問題をより理解したいので、しっかり時間をとって話しましょう。今日中に、一時間ぐらいの時間はとれませんか?」

いつでも誰でも歓迎するポリシーを掲げているからと言って、常に話に応じてくれるわけではないということは誰もが理解しています。そうではなくて、そのポリシーが意味するところは、

「今、ここ」の状態で見て、聴いて、理解するのに必要な時間を確保することはいつでもできます、ということなのです。

評価を下すのではなく、理解する

「今、ここ」の状態に近いとき、私たちは相手に評価を下すのではなく、理解することにより積極的な姿勢を示します。相手を理解することにオープンであるということは、焦点は話し手にあり、私たちの評価は保留して、理解するために聴いていることを意味します。誰かを理解するためには、相手が言うことに対して受容的である必要があります。もし、相手の言葉を聴いて評価を下してしまったら、それは理解するための助けとなるでしょうか？　理解することと評価を下すことを同時に行うことは不可能だということを私たちは知っています。つまり、どちらかしか選べないのです。

母親（キャシー）との間でよい関係が築けているので、私（カーステン）はとても幸運だと言えます。彼女は常に「今、ここ」に集中し、評価を下すわけでもなく、何かを改善しようとするのでもなく、時間をかけてただ聴いてくれました。私は見られ、聴かれ、理解されたと感じていました。

私は、自分の子どもたちとの関係においても、彼らに同じ感触を味わって欲しいと思っています。それはとても解放的で、相手を尊重し、力を与えてくれます。もちろん、自分に価値があると思わせてくれます。

私のコーチング人生のなかで、これが最大の発見と言えます。つまり、誰もが見てほしい、聴いてほしい、そして理解してほしいと思っているのです。これを達成するために、評価を下すのではなく、共感的に理解しようとすることがとても大切なのです。

今考えると、組織の管理職を指導するためのトレーニングを受け、そして自分自身が親になるまでは、「今、ここ」に集中することや聴くことの重要性を私は十分に理解していませんでした。私は、いつもその両方がやれていると思っていました。しかし実際には、「問題解決者」でしかなかったのです。

友達の話を聞き、解決が必要とされる何か（あるいは私が、解決が必要だと思ったこと）を解決してしまうことが好きでした。聴いたふりをして、友達に何をすべきかを伝えることで、自らを価値のある人間だと思わせていたのです。

しかし実際は、自分が聞きたいことしか聞かず、友達の問題を解決するために彼女たちが言ったことに評価を下して、自分の問題解決能力を見せびらかすために解決法を提供していただけなのです。

評価を下してしまうと、私たちは自らの可能性を閉じてしまうことになります。言われたことをすでに知っていると思い込み、偏見をもって話を聞くことになります。そして、自分のなかで勝手に答えを決めてしまうのです。

他者のことを評価してしまうとき、私たちは自分の視点や考えを他者に押し付けたうえで、他者が自分よりも優れているのか、それとも劣っているのかを見定めています。このようなことが、関係性や理解を構築するのに役立つと思いますか？

評価を下すのをやめて、話し手の視点に共感するとき、理解を促進する形で話し手とのつながりがもてれば、よい関係の構築に役立ちます。要するに、自分の可能性が広がるのです。

相手が言ったことを言い換える

組織を対象にコンサルタントをしているガーベス・ブッシ（Gervase Bushe）は、自著の『*Clear Leadership*（明快なリーダーシップ）』という本のなかで、次のように言っています。

「相手が言ったことを言い換えて返すことは、あなたを注意して聴くようにさせ、上の空になることなく、相手が言っていることを言葉のレベルだけでなく意味のレベルで理解させてくれます」

言い換えることには、相手から聴いたことを思い返し、反応する前に非言語メッセージが発信されていることを観察し、自分の言葉で相手が言ったことを言い直すということが含まれています。言い換えて話し手に返すときには、話し手が言ったことに対して注意を注いでいますよ、というメッセージを伝えることになります。それは、話し手に自らが言ったことはどんなことかを確認する機会を提供するほか、聴き手自身にとっては、話し手の言ったことを真剣に理解しようとしていることを再確認する機会をも提供することになります。

たとえば、誰かがあなたに、「やる仕事がたくさんありすぎて、すべて終わらせられるかどうか分かりません。週末は出掛ける予定にしていたのですが、それをあきらめなければならないようです」と言ったとします。聴き手としては、次のように言い換えることができます。

「がっかりしているように聞こえます。仕事量が多すぎて、困っているんですね。あなたは、今週末出掛ける予定にしていたのに、仕事をしなければならないと思いはじめているんですね」

言い換えは、あなたの思考が脱線しはじめて、話し手の言うことを聴くのではなく、何かほかのことを考えはじめたときにとても効果的な方法となります。あなたが焦点を失いかけたとき、話し手が言ったことを言い換えることで、あなたの意識を「今、ここ」に戻してくれるからです。言い換えは、あなたの焦点を「今、ここ」に当て続けることを助けるだけでなく、どれだけしっかりと聴けているかを確認することにも役立ちます。

さらに、両親や祖父母が、子どもたちのためにすべての問題を解決してしまおうという欲望を和らげる際の効果的な方法ともなります。とくに、子どもたちが聴いてもらいたいだけのときには効果的です。

子どもたちを学校に迎えに行ったとき、私（カーステン）はその日の様子を子どもたちに尋ねます。時折、気まずい出来事について話してくれるときがあります。

「遊んでいるときにサラが私を押して、笑ったの。そんなことされるのはイヤ。サラはもう私の友達なんかじゃない！」

本能的に、その状況を私は正しく修正したいと思ってしまいます。娘が腹を立てているようなので、何とか彼女の気分を直したいとも思います。「それは事故よ。サラはあなたの友達で、きっとそんなことをしようと思ったわけじゃないわ」と私が言ったら、娘を怒らせることになるでしょう。また、「サラは意地悪ね。あなたが何かをしたから、サラがそんなことをしたの？」と言ったら、私は両者に対して責めと恥の両方を負わせる形で評価を下していることになります。

娘は怒っているし、傷ついています。されたくないことをした誰かとは友達でいたくない、と言っているのです。彼女は解決法を求めているわけではありません。彼女は、自分の体験を共有することで、何が起こったのかを聴いてもらいたいだけなのです。

この場合の言い換えは、「サラがあなたを押して笑ったことで、あなたは傷ついているし、怒っているのね。そして、そんなことをする人とは友達でいたくないのね」となります。

言い換えは、その問題を解決してしまおうとすることなく、子どもたちの言うことをしっかりと聴くために、「今、ここ」に私たちが集中していることを彼女に伝えることになります。どんな状況であっても言い換えは理解を助け、聴き手が共感するであろうことを伝えることができるのです。

『第8の習慣～「効果」から「偉大」へ』（キングベアー出版、二〇〇五年）という本のなかで、著者のスティーブン・R・コヴィー（Stephen Richards Covey, 1932～2012）が提示している問題解決のモデル「第三の案のコミュニケーション」（第一〇章）では、この言い換えが使われています。コヴィーの経験は、一人が自分の意見を述べ、その人が理解してもらえたと思うような言い換えをもう一人がしたなら、ほとんどの問題は解決することを示しています。

私たち筆者は、言い換えは一つの技だと思っていますし、参加者がその方法になじめるように、ワークショップではそれを練習する機会を提供しています。

ペアでの言い換えの練習——パートナーを選びます。一人が話し手になり、何のテーマでもいいので一分間（よりチャレンジ度を上げたいのであれば、二分～五分間）話します。そのあとで、もう一人（聴き手）が話されたことを言い換えて返します。話し手は、言い換えの正確さをフィードバックします。そのあとで役割を交代します。

言い換えられるように聴くというのは、どんな感じでしたか？　どのくらい正確に伝えられましたか？　参加者の多くは、本当に聴くことの難しさと、聴いたことを自分の言葉で伝え返すことの難しさにすぐ気が付きます。言い換えが簡単にできるようになったら、生活のなかでこの聴くスキルを使い続ける方法を考えるといいでしょう。

ひょっとしたら、一人で言い換えの練習をしたい人がいるかもしれません。どこでも、一人でできる方法を以下に紹介しておきます。

一人での言い換えの練習——同僚や友達、もしくは家族と会話をしているとき、よく聴いて、少し時間をかけて言い換えて返してみます。「～のように聴こえました」とか「私が聴いたのは～です」といった表現を使うと、話し手には聴いてもらえたことが確実に伝わるでしょう。

もし、あなたが言い換えたことが話し手の言ったことと違った場合、相手には自分の言ったことを明確にするチャンスが提供されます。一人での言い換えの練習をある程度したあとは、次のような質問に答える形で振り返ってみてください。

・あなたの聴き方について何か気付いたことはありますか？
・会話に変化が生まれましたか？
・言い換えたとき、何を学びましたか？

小悪魔を黙らせる

あなたの頭の中にいる批評家が、黙っていられなくて発言してしまうということに気付いたことがこれまでに何回ぐらいありますか？　私たちは、誰しもこの「小悪魔の声」をもっています。別名は「つぶやき」というものです。しばしばこの「つぶやき」は、会話において相手の話を聴こうとする行為と焦点を得るための間で争いを引き起こしてしまいます。

クライアントである一人の女性は、頭の中の小悪魔を「取締役会」と呼んでいました。その声が彼女の邪魔をし、彼女や社員の評価を下してしまい、何をすべきかと焦点を絞ろうとする際の妨げになるからです。

小悪魔の声は極めて気を散らさせ、「今、ここ」に存在することと言われたことに集中することを妨害します。もし、小悪魔に主導権を与えてしまったら、私たちの目はどんよりとしてしまい、身振り・手振りはより受身なものになり、私たちが気付く前に聴くことを止めてしまうことになります。すでにご存じのように、相手の話をよく聴けないとつながりが消え、可能性を失ってしまうことになります。

コミュニケーションスキルを向上したがっていたクライアントの一人の医師は、「頭の中の声が、自分のしなければならないことのリストを常にチェックし続けている」と言いました。それによって、何をすべきかについて忘れないようにしているのです。

彼は、仕事中はその声を低く抑えておくことができますが、家にいるときに子どもたちがリストとその焦点を奪いはじめると、次の日に職場で何をすべきかと心配になり、子どもたちのために「今、ここ」に集中することができなくなっていました。

これに気付いたとき、医師は次の日に職場でしなければならないことのリストと、長期的に自分がやらなければならないリストを実際に付けることにしました。整理する必要はありましたが、毎晩、短い時間でこれら二つのリストをチェックしたのです。そして、これらをうまく使いこなせるようになると、仕事での責任を見過ごしてしまう心配がなくなりました。その結果、頭の中の「小悪魔の声」を完全に止めることができ、「今、ここ」に集中できるようになり、家族や友達の話に傾聴できるようになったのです。

「今、ここ」に集中し、相手に焦点を合わせることは傾聴することにつながる

一番目の「好奇心のスキル」を実際に使いはじめ、完全に「今、ここ」に集中し、相手が言うことに焦点を当てることを選択すると、話している相手についてより多くのことが学べるほか、会話のなかでこれまでとは違う体験をすることになります。時には、相手が話を聴いてくれたことに対して感謝を表明することさえあります！

完全に「今、ここ」に集中し、傾聴すると、私たちは聴き手にとって異なる体験をつくり出すわけですが、それは同時に、話し手にとってもパワフルな学びの経験となるのです。そして話し手たちは、自分が聴き手になるときに傾聴しはじめるのです。

カーステンと私（キャシー）は、よく聴くために「今、ここ」に集中し、誰かが話しているときにはどのように傾聴するかということについて話し合いました。自分がよく聴けるように、「今、ここ」に集中できることを学びはじめたころ、私はとても疲れました。「今、ここ」に集中し、話し手が言うすべての言葉に焦点を合わせることはとても難しいのです。でも、時間と練習によって容易になり、現在は当たり前のことになっています。

たとえば、カーステンが体験したことを共有したがっていたり、夫がその日に起こったことを共有したがっていたりなど、現在は完全なつながりを感じることができるので、「今、ここ」に集中し、誰かの言うことに傾聴できているかが分かります。そのときは、気分が落ち着いており、話し手に敬意をもっており、時間と空間を漂っているような感じがします。

もし、「今、ここ」に集中することと傾聴することをやめたなら、すぐに気付くことができます。落ち着いた気分ではいられず、話し相手とのつながりも感じられないほか、相手も私が興味を失っていることに気付くことでしょう。そのような状態では、私は相手を大切にしておらず、敬意も払っておらず、そして自分自身も楽しんでいません。

私は、相手が「今、ここ」に集中しておらず、聴いてくれていないことに対しても敏感です。もちろん、私はその状態を楽しむことはできません！

自分の話を聴いてもらえていないと感じると思考が停止してしまい、話したいという気持ちも失せてしまいます。ここに挙げた最初の「好奇心のスキル」を学んだ同僚は次のように言いました。

「もし、『今、ここ』に集中することと傾聴を実践しはじめたら、もう後戻りはできません」

相手に聴いてもらえていると思える関係を築くことは、誰にとってもパワフルな体験となります。あなたが「今、ここ」に集中してくれていること、自分の言うことを聴いてくれること、あなたが自分のことを見て、聴いて、理解したがっていることで子どもたちが感謝しているところをイメージしてみてください。あなたがよいモデルを子どもたちに示し続けることができれば、彼らが聴いたり、聴かれたりする体験について理解ができる人になることを幼いときから繰り返し体験させることになります。

聴くことには、「今、ここ」に集中することと、相手の言うことをしっかりと理解することのほかに、それ以上のメリットがあります。あなたが理解するために聴くことをどのように選択できるのか、そして聴くという選択肢が、あなたのリーダーシップや関係性を生み出す成果にどのように影響を及ぼすのかについては、のちほどより具体的に説明していきます。

さあ、試してみよう！

❶毎日、同じ（似た）ルーティンを繰り返さないといけないとき、私たちはあまり考えずに自動的にやってしまいがちです。つまり、行っていることを意識しなかったり、既存の関係を当たり前と思ったり、全力を注ぎ込まなかったりします。

何かが習慣になってしまうと、気を配ったり、意識したりすることが難しくなります。たまにはルーティンを変えてみて、何に気付くかを試してみてください。いつもとは違うルートを通って職場に行ってみたり、問題解決に異なるアプローチを採用してみたり、新しい場所で昼食をとってみたりしてください。職場以外の所に昼食を食べに出掛けてもいいかもしれません。そのとき、何に気付きますか？

❷会話をはじめるとき、（たとえ、相手のことをよく知っていたとしても）好奇心をもって臨み、相手について少なくとも一つの新しいことを学ぶようにしてください。「今、ここ」に自分を置いて落ち着かせ、好奇心のスキルを使って相手の言うことに焦点を合わせて、何が学べるかを試してみてください。

❸日常を過ごすなかで、否定的な独り言、あるいは私たちが頭の中の「小悪魔」と名づけたもの

がどれほど出てくるかについて注意をしてみてください。それは、あなたが「今、ここ」に集中しようとする際には競合関係となるものです。小悪魔がどんなことを言っているのかに注意し、それらをどのようにして黙らせられるかについても考えてみてください。

それらを意識するためにどんなことができますか？　そうすることによって、静けさと「今、ここ」に集中することが可能になります。そうするとき、あなたは何に気付きましたか？　どんな感じがしましたか？　あなたは静かな所にどのくらいいることができましたか？

❹「今、ここ」に集中する状態に一分間いるという練習にも価値があります。よりたくさん練習することで、静けさのなかに自分を置けるようになります。その静けさのなかに存在するとき、大切なことはその瞬間に起こっていることだけとなります。

あなたにとって、「今、ここ」に集中するとはどういうことかについて敏感になってください。そういう状態で会話をはじめると、話し手の言うことに焦点を当てることがすぐにできるでしょう。

第3章

聴き方を選択する

人間の欲求で最も基本的なものは、
人を理解したい、そして人に理解されたいという欲求です。
人を理解する最も有効な方法は、
人が話すことを聴くことです。

ラルフ・ニコルス*

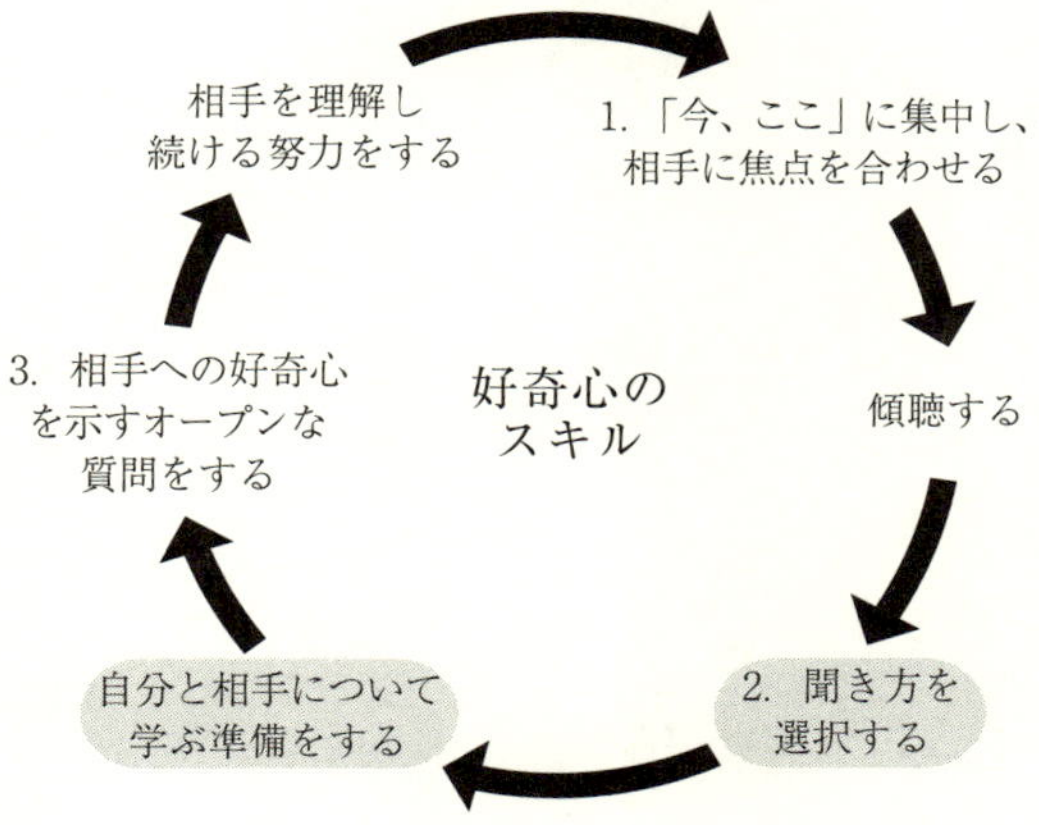

1.「今、ここ」に集中し、相手に焦点を合わせる
傾聴する
2. 聞き方を選択する
自分と相手について学ぶ準備をする
3. 相手への好奇心を示すオープンな質問をする
相手を理解し続ける努力をする
好奇心のスキル

＊ (Ralph Nichols) 国際傾聴協会の創設メンバーの一人です。

数年前、自らのチームのメンバーにとてもいら立っていたある組織のリーダー（女性）と私たちは仕事をしていました。チームのモラルは低く、仕事も効果的には行われておらず、メンバー間でささやかれていた陰口や評価が、チームのパフォーマンスと雰囲気に悪影響を及ぼしていました。

彼女のチームは、リーダーが期待していることをやらず、そのことが組織の大きな問題になりつつありました。このリーダーは馬鹿にされていると感じており、うんざりとしていました。

私たちがチームのメンバーと会ってみると、彼らもいら立っていました。彼らは、ほとんど不可能な期待を満たすために一生懸命に働いていると思っていました。メンバーが納得できるような形で休憩時間が確保されていないうえに、メンバーの多くは、昼食をとる時間やトイレに行く時間さえも提供されていないと思っていました。

すべてのメンバーが、リーダーは自分たちの言うことを聴いてくれず、意図的に失敗することを願っていると思っていました。いったいどこに、失敗すればいいと思っている上司のもとで一生懸命に働ける人がいるでしょうか。

チームリーダーとのミーティングにおいて、私たちは好奇心をもって接しました。双方にとって聴くことが問題になっていたようなので、何が妨げになっているのかを理解したかったのです。要するに、すべてのメンバーを犠牲にしながら、誰のニーズも満たせていなかったのです。

しかし、リーダーとチームのメンバーたちから聴いたことを話す過程で、彼女は混乱しはじめました。組織のリーダーとして、自分こそがチームにとって何がベストかを知っているはずなので、彼女はチームに何をすべきかを伝えることが自らの役割だと信じていたのです。

「チームにとって何がベストかを、チームのメンバーに聴くことなくどうやって分かるのですか？」と、私たちは尋ねました。リーダーは、「そんなことは考えてもみなかった」と答えました。

リーダーにとって「聴く」とは何かを掘り下げる過程で、彼女は貴重な体験をしました。これまで彼女は、聴いてもらったという体験がなかったことを語ってくれたのです。子どものときも、チームのメンバーだったときも、そしてリーダーになってからも、です。彼女は聴いてもらうということがどんな感じなのかを知らなかったので、聴く方法を知らなかったのです。

彼女は、「リーダーがチームのために決断する」という古い階層的な考え方で育てられたようです。もし、彼女がメンバーの言うことを聴いたり、質問をしたりしてしまったら、それはチームにとってのベストな状態を知らないということを証明してしまい、自分が有能なリーダーではないということをさらけ出してしまうことになるのです。

有能なリーダーではないと思われることを恐れて、彼女はメンバーにニーズを聴くことなく、自らの視点からのみ、彼らにとって何がベストかを伝えるという選択をしていたのです。

聴き方の重要性

「今、ここ」に集中し、話し手に焦点を合わせるという最初の「好奇心のスキル」から、聴くということは話し手が言うことに注意を注ぐことだと学びました。でも、聴くことには、単に注意を注ぐ以上のことが伴うのです。

それでは、私たちはどのように聴けばいいのでしょうか？　完全に理解するために聴くのでしょうか？　それとも、聞きたいことだけを聞くためでしょうか？　さらには、評価を下すためでしょうか？　話し手に焦点を合わせて言っていることを聴くときに、私たちが考えることは何でしょうか？

多くの人たちは、理解するために聴く方法を教わったことがありません。私たちは胎内にいるときから本能的に聴きはじめ、そして自分を世話してくれる人と結び付き、自分の欲求を満たすため、また生存のためのスキルとして人はその能力に磨きをかけていくのです。成長するに従って聴くことは、学ぶため、自分を表現するため、理解するため、そして関係を築くためなど、ほかの人とつながるための助けとなります。

聴くことは、コミュニケーションをとる際の基本となります。私たちが使うもっとも重要なスキルかもしれません。どう聴くかは、すべての選択、築くすべての関係、そして部下や同僚たちと接するとき、会議での振る舞い方、友達とのやり取り、そして就職のための面接など、私たちが行うであろうすべてのことに影響を及ぼします。相手の言っていることがよく聴けないということは、関係性を壊したり、目的を達成できなかったりすることにつながるのです。

自らをよい聴き手だと思って、私たちの多くは聴くことを軽く捉えています。しかしながら、実際にどれだけ聴いてもらっているのかについて話し手に尋ねてみると、「ほとんど聴いてもらえていない」と答えます。「常に聴いてもらえている」と答えた人は、一人もいませんでした。聴いてもらえていないと分かったときには、イライラして、自分は軽視されていると思う人もなかにはいるのです。

また、「どのくらいしっかり聴いていますか?」と尋ねてみると、ほとんどの場合、相手が共有してくれたことも思い出せないので、聴けていないということを認めます。

あなたは、どのくらいの頻度で、自分が言うことを相手が理解したいと思って傾聴していると感じていますか?　逆に、あなたはどのくらいの頻度で、ほかの人が話すときにそのような聴き方をしていますか?

五つの聴き方

他者の視点を理解し、敬意をもって接したければ、意図的に聴き方を選択しなければなりません。「今、ここ」に集中し、話し手が言うことに焦点を合わせると、いくつかの聴き方が提供されます。聴くか聴かないかという二つの選択肢の代わりに、私たちは五つの選択肢をもっています。

たとえば、話し手の言わんとしていることを完全に理解しようとする聴き方があります。あるいは、話されている言葉だけを聴くという選択もできます。そして、話し手を完全に無視して、聴かないという選択もあります。どのような聴き方をするかは、すべて私たちが決めることなのです。

それぞれの選択には適切な場所とタイミングがあり、鍵となるのは、状況に応じてもっとも好ましく、敬意をもった方法を意図的に選択することです。五つの選択肢のすべてが、好奇心を促すものではありません。ですから、五つの選択肢のすべてが、「今、ここ」に集中し、話し手が言うことに焦点を合わせたり（第一の好奇心のスキル）、好奇心のあるオープンな質問で反応したりすること（第4章で紹介する第三の「好奇心のスキル」）に寄与するわけではありません。

五つの聴き方の選択肢を見ていくなかで、あなたがとくに共鳴するのはどの選択肢なのか、また、その理由を考えていただきたいと思います。と同時に、新しい聴き方に対してはオープンであってほしいと思います。普段どのように聴いているのかを理解するために、そして今後はどのような聴き方をしたいのかを決めるために、ぜひ五つの選択肢をすべて試してみてください。

聴き方の選択肢1——話し手を無視する

選択肢1として、私たちは話し手の言うことを聴かないという方法を選びました。話し手の言葉は雑音として聞こえます。傾聴する代わりに、あとでしなければならないことのリストを頭の中で考えています。電子メールやSNSを読みながら、話し手が静かになり、自分が話したいことを切り出せるチャンスを待っています。要するに、あなたは「今、ここ」にあらずという状態で、話し手に注目もしていません。

この選択肢1では、好奇心をもつ機会がありませんし、聴き手は話し手に対して敬意を払っていません。このような状況において聴き手がとれるもう一つの方法は、話し合いの席から中座することです。(1)

(1) 聴き手が中座する前に、話し手のほうから中座されてしまうかもしれません!

選択肢1の利点――会話を避けたいとき、この選択肢は有効となります。この選択肢を選ぶと敬意を払っていないと思われるかもしれませんが、そのような状況では、もっとも役立つ選択と言えます。たとえば、飛行機でおしゃべり好きな人の隣に座ってしまい、あまり話したくないというサインを出し続けたにもかかわらず話すことをやめないような場合です。

プロジェクトを完成させることに集中しているとき、何かスポーツの試合を見ているとき、何かの活動に熱心に取り組んでいるとき、そして邪魔をされたくないときなどにもこの選択は役立ちます。そんなときは、話しかけてくる人の言葉に耳を傾けないものです。

聴き方の選択肢2――自分に焦点を当てる

選択肢2では、小悪魔の視点を通して、話し手に注意を向ける選択をします。小悪魔とは、先述したとおり、私たちのなかに潜む批評家のことです。自分と話し手の視点の違いを比較し、あくまでも自分の目線で話し手を評価します。

選択肢1と同じように、話し手のニーズよりも自分のニーズに焦点を当てているので、選択肢2も好奇心は喚起しません。

以下は、選択肢2が会話のなかでどのように見えるかを表したもので（というよりも、口に出したらケンカになってしまうかもしれません。カッコ内は心の中での発言を表しています）。

話し手　ジョンとデートするのをやめようと思っているの。

聴き手　（気が付いてよかったわね。私なら、ジョンとデートに行くこと自体拒否していたわ。）

コメントは、聴き手の観点から発せられています。

職場だと、選択肢２は次のようになるかもしれません。

話し手（リーダー）　金曜日までに、その報告書を私の机に提出してください。

聴き手（部下）　（そりゃ、ひどい。どうせ、翌週まで読まないくせに。金曜日までに終わらせるためには、もっと頑張らなければならない。まちがいなく、私へのさらなる圧力だろう。木曜日は早く帰る予定にしていたのに……それも無理か！）

選択肢２の利点――ワークショップのなかで、選択肢２についての話し合いは、主に友達や家族とのテーマに集中することが多かったです。それに、私たちは常にそんなに頑張る必要はありません。

意図的に聴くことはかなり大変なことです。ワインを飲みながら女友達や親戚と話しているとき、私たちは互いを評価し、言われたことをあたかも自分に起こったことのように考えます。みんなリラックスして楽しんでおり、互いに聴きあって、笑って、そして一緒にいることを楽しんでいます。すでにみんなが絆を感じながら支えあっているので、改めて互いを理解しあう必要がないと思っています。

また、私たちがそのテーマの専門家であろうがなかろうが、意見を求められたときに選択肢2が使われることがあります。言われたことを聴いて、自分が話し手の立場に立って、どんな感じがしたかとか、何をしたらいいかといった意見を述べます。

反応を考えるときは、自分の知識や判断を活用するものです。よって、この選択肢は、しばしば自分の専門性、経験、知識を基にしながら、自分の意見を提供する前に判断を下さなければならないメンター（viiページの注を参照）やアドバイザー、コンサルタントによって採用されています。つまり、明確なアドバイスを提供し、会話を終わらせる反応を通して、聴き手が会話の結果をコントロールするという選択をするわけです。

聴き方の選択肢3——相手に焦点を当てる

選択肢3では、聴き手が話し手に注意を注ぎ、話し手が置かれている状況において小悪魔が話し手のことを評価します。選択肢3は、しばしば支援者やアドバイスを提供したり、問題解決を助けたりする形でほかの人をサポートしたいと思っている人たちが選択します。彼らは、何が言われたかに焦点を当て、すぐに解決法を考えはじめ、話し手の状況を把握し、たとえアドバイスを求められていなくても相手が何をしたらいいかを伝えます。

選択肢2と同じ事例を使うと、次のような感じになります。

話し手　ジョンとデートをするのをやめようと思っているの。

聴き手　（気が付いてよかったわね。彼はあなたにうまく接していなかったから、もっと前に彼とデートするのをやめるべきだったわ。実のところ、あなたは最初から彼とデートをすべきじゃなかったのよ。）

あるいは、職場では次のようになるかもしれません。

話し手（リーダー）　金曜日までに、その報告書を私の机に提出してください。

聴き手（部下）（そりゃ、ひどい。なぜ、彼女は金曜日までに報告書が必要なんだ！　彼女は金曜の午後はゴルフに行くはずだから、月曜日まで報告書のチェックができないのに。彼女は自己中心的で、部下が考えていることをまったく理解しようとしない。）

選択肢3の利点——選択肢2と同じように、この選択肢は友達との話や親子のやり取りなど、生活の場面で一般的に使われています。おかしくて、愉快だということで、この選択を楽しむ人もなかにはいます。自虐／自嘲的で、他者に対して軽蔑的で、自分や他者を非難するユーモアをつくり出す際、つまりお笑い芸人やホームコメディーで選択肢2や選択肢3が使われているケースをしばしば耳にします。ユーモアの多くが、話し手や自分を犠牲にしてつくり出されているということは、非常に興味深いところです。

時には、選択肢3にも利点があります。選択肢2と同じように、クライアントが前に進むために解決策を考えないといけない専門家が、ベストなアドバイスを提供する前に解決策について考える場合です。

聴き方の選択肢4——理解することに焦点を当てる

選択肢4では、聴き手である私たちが会話の結果についてコントロールすることを放棄するという選択をします。その代わり、何が言われたのか、そしてどのような意味があるのかについて意図的に注目します。

この場合、評価を下すことをやめ、小悪魔の声も静かになります。話し手に対して共感し、受容的な態度で接し、話し手が言っていることを理解しようとするのです。結果についても、話し

手が何を言うのかということについても先入観はなく、ただ好奇心だけをもつことで可能性を探求するという機会が設けられます

これまでと同じように、二つの事例で見てみましょう。

話し手　ジョンとデートをするのをやめようと思っているの。

聴き手　（彼女がそれを決断するきっかけになった理由はなんなのかしら？　実際、彼女はどのようにするのかしら？　この決断に対して、彼女はどのように思っているのかしら？）

職場では、次のようになります。

話し手（リーダー）　金曜日までに、その報告書を私の机に提出してください。

聴き手（部下）　（それに伴う仕事量を考慮すると、いったいどうやって私は実現することができるのだろうか？　彼女は、金曜の午後はオフィスにいない予定になっているのに、この締め切りを設定する理由は何だろうか？　彼女は、私がどうやってこれを成し遂げられると考えているのだろうか？）

選択肢4の利点――判断することは、選択肢4には含まれていません。人を評価する小悪魔の声が沈黙しているのに対して、聴き手は受容的で、好奇心と探求心をもち、会話の結果に対して一切の責任を放棄しています。聴き手は、話し手の考えと意図をより理解しようとしています。

聴き手は、デートの例に見られたように、「この決断に対して、彼女はどのように思っているのだろうか？」と考えることで共感することもできます。共感とは、ほかの人のことを自分のことのように感じることができる能力のことで、その人が感じていることを敏感に察することです。共感は、関係を築くだけでなく深めてくれますので、ほかの人のことを理解しようとする際の有効なツールとなります。

選択肢4は、聴き手が話し手に焦点を当てることを可能にするので、探求のためのオープンな場をつくり出すにはとても効果的です。また、結果に対するコントロールを放棄することになるので、聴き手は方向性が欠落するためにイライラするかもしれません。もし、聴き手が結果にこだわるようであれば、このあとに紹介する選択肢5がより良い選択肢となるでしょう。

選択肢4は、話し手に結果責任をもたせることになります。これは、会話の結果をコントロールする必要がなく、話し手に好奇心を維持させるコーチやメンター、もしくは曖昧さに耐えられる他の専門家などにとってはよい選択肢となるでしょう。

ワークショップの参加者の一人が、老人ホームに住んでいる祖母との間で選択肢4を使ったという経験を話してくれました。

彼女は、祖母を訪ねることを楽しみにしていました。そして彼女は、祖母が同じ話を繰り返すことに気付きました。時には、直前に言ったことさえ繰り返しました。このような状況を前にして、彼女は「頭が混乱している」と評価を下している自分に気付きました。しかし、彼女が選択肢4を使って意図的に好奇心をもつようにしたことで、祖母の話に対してオープンな質問ができたのです。

すると、祖母は同じ部分を繰り返す代わりに、より詳細な内容を話してくれたのです。それによって、彼女は祖母を評価することをやめ、会話の結果を決めることを放棄したことで祖母についてより学ぶことができただけでなく、一緒にいることを楽しむことができたのです。彼女は、祖母と一緒のときは選択肢4を使うことを決め、祖母の人生についてさらに知れることを楽しみにしています。

聴き方の選択肢5——話し手と聞き手の両方に焦点を当てる

結果に対するコントロールを完全に放棄することで深いつながりをつくり出すことができるのですが、会話の結果に関心をもっている場合は、その内容が曖昧であり続けると目的を達成することができません。

選択肢5では、私たちは意図的に傾聴すると同時に、会話の結果にも強い関心をもつことになります。つまり、話し手の考えを理解したいし、次に何をしたらいいのかについても協力して合意を得たいということです。

先に挙げた二つの例で見てみましょう。

話し手　ジョンとデートをするのをやめようと思っているの。

聴き手（彼女は、いつジョンと話をする予定なのかしら？　この週末は出掛ける予定にしているけど、私は彼女のことをサポートしたいです。彼女は、どんなサポートを必要としているのかしら？　その場にいなくても、私は彼女の気持ちに寄り添うことができるのかしら？）

聴き手はオープンで、好奇心をもっています。そして、友達をサポートしたいと強く思っています。同じく、職場での例を見てみましょう。

話し手（リーダー）　金曜日までに、その報告書を私の机に提出してください。

聴き手（部下）（私は、木曜日は早く帰る必要がある。彼女は、金曜日の午後オフィスにいないにもかかわらずその日を締め切りにしている。彼女にとって、いったいどれくらい重要なのだろうか？　この要望を満たしながら、木曜日に早く帰るという私の予定も守るためには何ができるだろうか？　締め切りを月曜日の朝一番に変更することに対して、彼女はどのように思うだろうか？）

選択肢5の利点――好奇心をもって、双方にとっていい結果をもたらすことに同意が得られれば話し手のニーズに共感することができ、関係性を築いて、理解を促進することができます。この選択肢は、物事を前に進める結果責任を可能にしてくれます。

選択肢5は、交渉や問題解決や連携など、聴き手と話し手の両方が得られる結果に関心をもっているときに使えます。聴き手は、会話が展開するに従って、結果に関心をもちながら話し手の考えを理解することにオープンになります。

「今、ここ」に集中し、話し手の発言に焦点を合わせているかぎり、私たちは常に今挙げた五つの聴き方という選択肢をもっています。それは、一つの会話のなかで、話し手の聴き方を一つの方法から別の方法に転換できることも意味します。

たとえば、すでに大人になっている息子が抱えている問題の対処法について助けを求められた親がいたとします。親は、息子がその問題について話しはじめたときに共感を表明し、状況をしっかり把握するために選択肢4（理解することに焦点を当てる）を使って聴くかもしれません。しかし、息子の安全と幸せを確保するという結果に大きな関心を向けたときは、選択肢5（話し手と聞き手の両方に焦点を当てる）に移行するかもしれません。あるいは、要求されたアドバイスを準備するために、選択肢3（話し手に焦点を当てる）か選択肢2（自分に焦点を当てる）に移行するかもしれません。

鍵となるのは、関係を築くために、どのように敬意をもって聴くのかについて意図的に選択することです。あなたの聴く選択肢は、学び、理解、つながり、協力、イノベーション、そしてインスピレーション（ひらめき／創造性）などが提供される一方で、それらの可能性を制約して、無視、判断、批評という状況もつくり出します。

上記の説明からすでにお気付きのように、選択肢のなかで好奇心を提供してくれるのは二つしかありません。言うまでもなく、それは選択肢4と選択肢5です。もし、あなたが好奇心をもった聴き方を選択するなら、好奇心に満ちたオープンな質問をするという第三の「好奇心のスキル」を学ぶときが来ていると言えます。

このスキルは、会話が展開するなかで、あなたの理解をオープンで好奇心のある状態に維持させてくれることになります。

表２　好奇心をもって聴く五つの選択肢とその特徴

聴き方の選択肢	聴き手が考えていること	特徴	使い道
選択肢１ **話し手を無視する。**	聴き手は言われていることを無視する。	聴かない。 考えを受け入れない。 黙っている。 話し手を理解することに興味がない。 ほかのところに焦点を当てている。	聴き手が静かでありたいとき。 会話をやめようとして、ほかの方法をすべて試したあと。 関係を築くことに聴き手が価値を見いださないとき。 聴き手が話し手を黙らせたいとき。
選択肢２ **自分に焦点を当てる。**	「もし私があなたなら、私は……のようにします」 「私は、あなたに……をして欲しいです」 「私は、あなたは……をすべきだと思います」 「私は、あなたが……をしたことが信じられません」	注意して聴いている。 話し手の考えは受け入れない。 自分の価値観で判断する。 話し手に評価を下し、自分と比較する。 正しい必要があるか、間違いを恐れる。 話し手を理解しようとしない。	聴き手が自分の考えを共有したいと思ったとき。 「あなたはどうしますか?」という質問への反応として。 メンタリング（viiページの注参照）やプロとしてアドバイスを提供する状況 友達や家族と話しているとき。 緊急時。
選択肢３ **話し手に焦点を当てる。**	「あなたは……をすべきです」 「あなたは……が必要です」 「あなたは……をしなければなりません」	注意して聴いている。 話し手の考えは受け入れない。 自分も話し手も評価する。 （頼まれもしないのに）話し手を助けようとする。 話し手を理解しようとしない。 アドバイスを提供する。	アドバイスを提供するとき。 医師、弁護士、カウンセラー、メンター（viiページの注参照）として情報提供をするとき。
選択肢４ **理解することに焦点を当てる。**	「あなたは、どうしてそれをしたのですか?」 「あなたは何をしますか?」	傾聴する。 好奇心がある。 話し手を理解しようとする。 評価を下さない。 仮説をチェックする。 曖昧さを認める。 共感をはっきり示す。	話し手の考えを理解したいとき。 情報を得たいとき。 学びをサポートするとき。 コーチングやメンタリングなど、プロとしてのアドバイスを提供するとき。
選択肢５ **話し手と聞き手の両方に焦点を当てる。**	「私は、あなたが……をしたほうがいいと思います」 「私たちはどうすればこれを達成できると、あなたは思いますか?」 「私たちは、……をする必要があります」 「あなたがそれを達成するために、私は何を助けられますか?」	傾聴する。 好奇心がある。 自分の興味関心を説明する。 話し手の考えにオープンである。 話し手を理解しようとする。 前進するために共通の基盤をつくる。 共感をはっきりと示す。 結果に興味をもち続ける。	交渉するとき。 問題解決のとき。 チームやリーダーや親として協力するとき。 目標を設定するとき。 話し手をサポートするとき。

さあ、試してみよう！

次ページの**表3**を使って、会話のなかであなたはどのようにして聴く方法を選択しているかを確認してみてください。誰と話しているのか、聴く選択肢が会話にどのように影響するのか、どのような結果が得られたのか、そして人間関係にどのような影響を及ぼしたのか、などについて注意をしてください。

カンニング・ペーパー――もし、あなたが会話のなかで「私は」を連発しているなら、あなたは選択肢2を選んでいます。もし、「あなたは」をたくさん言っているなら選択肢3を選んでいます。そして、あなたがたくさんの好奇心あふれたオープンな質問をしているなら（それについては次の章で紹介します！）選択肢4を選んでいます。

それぞれの選択肢を練習し、そして試してみてください。その結果、どんなことが達成されるのかについて注意してください。もちろん、それを楽しんでください。

表3　好奇心をもって聴く五つの選択肢の効果を検証するための表

選択肢	誰と話していたか？ あなたは何をしていたか？	あなたの聴く選択肢が会話や人間関係にどう影響したか？	どんな結果が得られたか？	何を学んだか？	どんな印象をもったか？
2	パートナー 夕食をとっていた。	私が彼にしてほしかったことを彼がしなかったので、私たちは両方ともイライラしていた。	口論。	彼は私のやり方を好まない。	怒っている。
5	上司 上司がどのようにプロジェクトを完成してほしいのかという目標を明らかにするためのミーティング。	私は「今、ここ」に集中し、聴いてもらえ、どんな違ったやり方でできるか尋ねてもらえた。 上司は、私の提案に感心していた。 「君は成功したも同然だ」と言ってくれた。	自分が受け持つプロジェクトの新しい、しかもわくわくする方向性。	上司が何を望んでいるか理解できたことで、新しい提案をすることができた。	わくわくした、元気をもらえた。 希望がわいた。

第4章

好奇心を示すオープンな質問をする

賢い人は正解を言わず、

よい質問をする。

クロード・レヴィ＝ストロース*

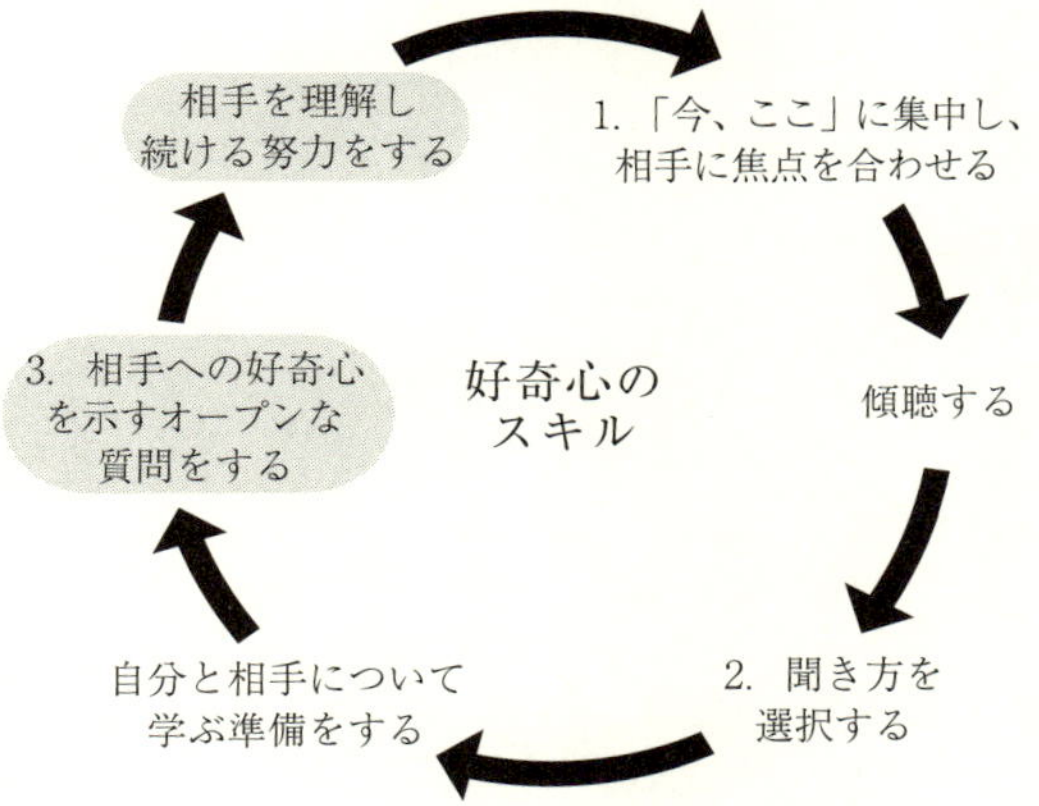
1.「今、ここ」に集中し、相手に焦点を合わせる
傾聴する
2. 聞き方を選択する
自分と相手について学ぶ準備をする
3. 相手への好奇心を示すオープンな質問をする
相手を理解し続ける努力をする
好奇心のスキル

*（Claude Lévi-Strauss, 1908～2009）フランスの有名な社会人類学者、民族学者。

午後遅く、お父さんと五人の小さな子どもたちが地下鉄に乗り込んできました。結構、車両が混んでいました。一日の終わり、仕事を終えて帰宅するところなので、みんな疲れています。五人の子どもたちの父親は、一つだけ空席を見つけて自分が座りました。あまりにもたくさんの人がいるので、子どもたちがとてもイライラしているのが分かります。そして、互いに押し合いをはじめ、近くの人たちにぶつかっています。

一人が泣きはじめ、もう一人は怒り出し、三番目の子どもが四番目の髪の毛を引っ張ったところで四番目が悲鳴を上げました。彼らはイライラしているのです。その車両の乗客たちは、手で自分の顔を覆い隠し、何もせず、何も言わず、子どもたちを無視している父親をじっと見つめています。

子どもたちの態度に愕然として、地下鉄の乗客たちは子どもたちと父親に対していら立ちました。ついに、一人の男が我慢できなくなって言いました。

「おい、ちょっとあんた、目を覚まして、子どもたちをなんとかしなよ」

父親はその人を見上げ、興奮しながら言いました。

「かんべんしてよ。今日は大変な一日だったんだから」

それを聞いた乗客たちの怒りは絶頂に達しました。別の乗客が言いました。

「わがままを言うな。みんな、大変な一日だったんだぞ」

子どもたちの態度が悪くなるにしたがって、乗客たちのイライラも募りました。もし、あなたがこの地下鉄に乗っていたとしたら、この状況をどのように思いますか？　また、何をしたいと思いますか？

もし、父親の奥さん（つまり、子どもたちの母親）が「二日前に自動車に轢かれて即死した」と言われたら、どのように反応したでしょうか？　父親と子どもたちは、葬儀場に向かうところだったのです。

このような背景があったとしたら、地下鉄の乗客の一人であるあなたは、今起こっていることにどのような思いを抱きますか？　また、何をしたいと思いますか？　そしてそれは、先の場合とどのように違いますか？

このケースは、私たちが他人の視点を理解しようとしない場合、どれだけ容易に評価を下し、批判し、そして憶測をしてしまうのかをよく表す事例と言えます。その人たちの選択が、私たちに影響を及ぼすか否かに関係なく、通り過ぎる多くの人びとを暗黙のうちに評価しているのです。

筆者である私たち母娘が過去一〇年間に体験したもっとも核心をつく転換の一つは、質問を使うこと、とくに好奇心にあふれたオープンな質問をすることによって起こりました。質問をすることは、私たちの考え方を変え、思考のプロセスにおいてより好奇心をもち、よりオープンになることを助けてくれました。

多くのクライアントも、同じ体験を共有してくれています。多くの人は、最初、伝えるのではなく質問することに戸惑いを感じますが、注意をして意図的に質問をするようになると、話し手を理解するために、評価を下すことなく、よりオープンに好奇心をもって相手の話が聴けるようになります。

私（キャシー）にとって、「質問する」ことを学ぶことはとても難しいことでした。私は、質問することが顰蹙《ひんしゅく》を買うという時代に育ちました。質問するということは、体制に対して挑戦することを意味していたのです。子どもだった私は、そんなことをしたいと思いませんでした。また、質問をするということは、答えが分からないということも意味しました。私たちはすべてを知っているべきなので、答えを知らないということは恥となります。知らないときは黙っていたほうがいいのです。

私が安心して好奇心をもってオープンな質問ができるようになったのは、コーチングのインストラクターになってからです。少し前、一〇年ぐらい前のことなのです。

その一方、多くの人が質問に答えることが好きだということも私は学びました。その人たちが、私の質問に反応する前に、答えについてじっくり考えている様子も見ました。自分の経験や自分の考えを共有する際、彼らの顔がパッと明るくなる状態を観察するというのはとても楽しいことです。

このように変化してきているのですが、質問をすることは私にとってはまだ難しいことがあります。子どものとき、私たちはスポンジのように何でも吸収し、好奇心いっぱいで、質問を（時には、とてもいい質問を）立て続けにします。しかしながら、大人になると、好奇心をもつことやもっと学びたいという気持ちを忘れてしまいます。

二～三歳児は何事についてもオープンで好奇心あふれる質問の達人なのに対して、私たち大人は、その三歳児がする質問に対して我慢ができないのはなぜでしょうか？　それらの質問は、私たちを考えさせ、反応するために貴重な時間を奪い去り、「今、ここ」に集中する状態を要求します。私たちにとってあまりにも自然だったことを、どうやら学び直す必要があるようです。

質問の種類

優れたリーダーや独創的に物事を考える人、そしてうまく協力できるパートナーたちは、新しい可能性や機会は特定の種類の質問をすることによって得られるということを知っています。もちろん好奇心も、特定の種類の質問をすることを通して得られます。いくつかの異なる種類の質問と、それぞれがどのように好奇心をもつことになり、話し手を理解するための助けとなるのかを見ていきましょう。

①クローズドな（閉じた）質問

クローズドな質問は、「はい」か「いいえ」で答えられます。自分がする質問やされる質問を意識しはじめると、多くの人がクローズドな質問に答える際、「はい」か「いいえ」を膨らませて答えていることにあなたは気付くでしょう。

質問　夕食は鶏肉の料理でいいですか？

答え　いや、今晩は鶏肉の料理でないほうがいいな。帰宅する途中で寿司を買うので、それでいいかな？

上記の質問と答えを見ると、質問に答えただけでなく、質問には含まれていなかったにもかかわらず、回答者が求めていたことを述べています。クローズドな質問は、（もし、単純に「はい」か「いいえ」で答えるなら）選択肢を狭めることになります。クローズドな質問は選択を狭めていき、もっとも好ましい選択にたどり着くプロセスとしての演繹《えんえき》的思考[1]をサポートします。以下のように、状況に応じてはクローズドな質問はもっとも適切な選択となります。

質問　私と結婚してくれますか？

答え　はい！

クローズドな質問の利点――クローズドな質問には、会話を短くするか、そこで終わらせるという、特定の状況においては意味のあるものとなります。それには、演繹的に選択肢を狭めるという役割があります。また、聴き手が発した言葉を確認するのにもいい方法です。

②評価を下すクローズドな質問

名称から分かるように、これは相手を評価すると同時に、「はい」か「いいえ」で答えられる質問です。

・あなたが失態を犯して、この混乱をつくり出したのですか？
・あなたは、ソファにもたれてテレビばかり見続ける気ですか？
・空想に浸っていないで、私の話をしっかり聴いてくれませんか？

（1）一般的・普遍的な前提から、より個別的・特殊的な結論を得る思考法のことです。帰納的思考は、逆に、個別的・特殊的な事例から一般的・普遍的な規則や法則を見いだそうとする思考法です。

評価を下すクローズドな質問の利点――これらの質問は、もし相手に対して敬意を示すことを目的とするなら、ほとんど価値のないものだと私たちは思っています。それ自体が批評の一形態なのです。皮肉やユーモアを示す際、多くの人たちがこの質問を使いたがるということを私たちは発見しました。

③好奇心にあふれたオープンな（開いた）質問

この質問をする人は答えをもっていませんし、評価を下すつもりも、相手を責めるつもりもありません。また、相手に対して興味や関心をもっていることが分かります。好奇心にあふれたオープンな質問は演繹《えんえき》的思考を促進し、いかなる方向にも話が展開することを可能にし、会話を押し広げることに役立ちます。

答えをあらかじめ知ることはないので、可能性があるという感覚もつくり出してくれます。この質問は、「はい」か「いいえ」では答えられず、一般的に、５Ｗ１Ｈ（誰が、いつ、どこで、何を、なぜ、どのように）ではじまる質問となります[2]。

・なぜ、あなたはインタビューのときに赤い服を着るのですか？

どのフレーズを強調するかによって、質問は好奇心があるようにも、批判しているようにも聞こえます。好奇心にあふれたオープンな質問の例としては、次のようなものもあります。

・飛行機からパラシュートを着けて降りるのは、どんな気持ちですか?
・それに対して、私にはどんな助けができますか?
・あなたをより効果的にサポートするために、私にはどんなことができますか?

好奇心にあふれたオープンな質問の利点――好奇心にあふれたオープンな質問は、曖昧さを許容します。問いかけた側は評価を下そうとする気持ちを抑えるほか、会話がたどる方向性をコントロールすることも放棄します。この質問は、豊かな学びに導くための振り返りの機会をふんだんに提供することによって、会話の方向性を決めるナビゲーションシステムを生み出すことにもなります。

このオープンな質問は、かかわる人すべてを取り込み、熱心に参加することの助けになると同

(2) クローズドな（閉じた）質問とオープンな（開いた）質問を含めて、質問づくりに興味をもたれる方は、拙訳『たった一つを変えるだけ』（新評論、二〇一五年）を参照してください。

時に傾聴も促します。好奇心にあふれたオープンな質問をされたとき、私たちはサポートされていると思い、考えが受け入れられたと感じます。正しい答えや間違った答えはないという会話の場に招き入れられ、協力することで新しい発見も可能なのだという気持ちにさせてくれます。

何でも可能だと思えることは誰にとっても楽しいことですし、熱意ある参画を高めてくれるだけでなく、過去の失敗に関しても回復力を高めてくれます。

④答えを誘導するオープンな質問

この質問は、好奇心にあふれたオープンな質問と同じように5W1Hではじまりますが、質問者はすでに答えを知っているので好奇心はありません。これには、教師（ないし講師）が生徒に尋ねるといった次のような質問が含まれます。

・この本の著者は誰ですか？
・この本は、どの年代に基づいて書かれていますか？
・この本には何人の登場人物がいましたか？
・この物語の主人公は誰ですか？

教師は、これらの質問への回答をすべて知ったうえで、生徒たちが実際に本を読んだかどうか、そして基本的なところを抑えているかどうかを確かめるために質問をしています。しかしながら、ある時点で、教師は好奇心にあふれたオープンな質問に転換するかもしれません。

・この本で、あなたがとくに気に入った場面はどこですか？
・あなたが一番身近に感じた登場人物は誰ですか？
・あなたは、この本のテーマないし主張はなんだと考えますか？

学びの場以外に答えを誘導するオープンな質問が頻繁に使われている場面というと、弁護士が証人を尋問している裁判所内の光景となります。弁護士はすでに答えをもっているのですが、裁判官や裁判員に対して、弁護側にとって有利になるような情報を提供するために、証人に自らのストーリーを語ってもらうことを目的として誘導するといったオープンな質問です。

たとえば、以下のような質問となります。

・現場に着いたとき、あなたが気付いたことは何ですか？
・現場にいたのは誰ですか？

・現場に着いたあと、あなたは何をしましたか？
・その次に、あなたは何をしましたか？

答えを誘導するオープンな質問の利点——この質問は、回答者を特定の結果ないし結論に導きます。それは、選択肢を狭め、質問者がすでに知っている答えを確かめるときに使われます。すでに起こったことを確認するのですが、知識が試されることになります。その結果は正解か間違いのいずれかになるので、多くの場合、回答者が質問者の承認を求める形で展開されます。結果によっては、評価を下されたり、責められたりすることがあります。

⑤評価を下すオープンな質問

答えが分かっていないとき、５Ｗ１Ｈではじまる質問をすることで、私たちは好奇心にあふれたオープンな質問をしているつもりになることがあります。しかしながら、質問のなかに否定的な言葉が含まれていると、評価を下したり、責めたり、恥ずかしいと思わせたりすることを伝えてしまう、評価を下すオープンな質問になります。

この質問は、回答者に感情的になるスイッチを入れてしまうことになるので、結果的に好奇心も学びも生み出すことはありません。

親　あなたは何でこんなにも不器用で、牛乳をこぼしたりするの？　いったい何が問題なの？

なぜ牛乳がこぼれたのか、ひょっとしたらこの親は知らないのかもしれませんが、この聞き方では確実に知っているとしか言えません。子どもが聞いたのは、「自分は不器用で、うまくやることができない」というメッセージです。結果的に評価を下され、責められ、そして辱《はずかし》めを受けています。学びの機会をつくる代わりにこの質問は、子どもを黙らせるか、とても怒らせる結果をもたらしただけとなります。

会話のなかでこうした負の感情を起こしてしまうと、学びの機会を失うだけでなく、牛乳をこぼして汚くしてしまったことは子どもをより惨めな状況に追いやってしまいます。この質問を、好奇心にあふれたオープンな質問に変えるにはどうしたらいいのでしょうか？

親　（言葉の調子と表情が怒っていないように気を付けながら）あら、牛乳がこぼれちゃったみたいね。何が起こったの？

聴くスキル（第３章）で説明したように、非言語で発信するメッセージが好奇心にあふれたオープンなやり取りを阻んでしまうことを思い出してください。

親やリーダーたちは、多くの場面において、言葉の使い方や非言語メッセージが理由となって、評価を下すオープンな質問に戻ってしまうことを発見しました。こうした場面ではおかしな方向に行ってしまい、何かほかに責任転嫁のできるものを探すことになります。責任を転嫁することで、振り返りと学びのチャンスは奪い去られ、たとえ間違いを犯したことが事実だとしても、問われた相手は問われる前以上に気分を悪くしてしまいます。

それに対して、好奇心にあふれたオープンな質問に転換することで、リーダーや親たちに何が本当に起こったのかについて明らかにすることができますし、その過程で学びが得られるほか、同じことが起こる可能性を最低限にするための解決法を見いだす過程に全員を参加させることもできます。

リーダー　今朝までに私の机の上に置かれるべきだった経理の書類が、まだ置かれていないようですね。なぜ、そんなへまができるの？　頼んだ書類がないと困ります。

部下　申し訳ありません。二度と起こらないようにします。

リーダー　もし、仕事をやり続けたければ、指示したようにしてもらわないと困ります。

リーダーの言い方が批判がましくなくなると、次のようになります。

リーダー　今朝までに私の机の上に置かれるべきだった経理の書類がまだ置かれていないことに気付きました。なぜ、ないのですか？

部下　申し訳ありません。こんなにも早く必要だということを忘れていました。

リーダー　あなたは、たいていの場合、私の依頼に速やかにこたえてくれているので、今回は大目に見ましょう。

両方の状況において、リーダーは依然として評価を下しています。やり取りを見ても、何が起こったのかも、再び同じような状況が起こらないために何を変えればいいのかも明らかになっていません。つまり、二人とも何も学んでいないということです。

次に紹介するのは、リーダーが評価を下すオープンな質問から好奇心にあふれたオープンな質問に転換した例です。

リーダー　今朝までに私の机の上に置かれるべきだった経理の書類が、まだ置かれていないことに気付きました。普段、あなたは私の依頼にはたいてい速やかにこたえてくれているのですが、いったい今日は何が起こったのですか？

部下　申し訳ありません。ほかの人たちからのデータを数分前にしか得ることができませんでした。ですから、今情報を整理しているところで、あと三〇分以内にはお渡しすることができると思います。

リーダー　ほかの人たちからのデータを、今受け取っている理由は何ですか？

部下　昨日、依頼を出していたのですが、誰も私がこんなにも早く情報を欲しがっていたとは思わなかったようです。

リーダー　次回以降、依頼を出すときには何を変えたらいいと思いますか？

部下　締め切りがいつなのかと、いつまでにそれらの情報が必要なのかを明記します。そうすることで、彼らも私のニーズが理解でき、時間までにデータを提供してくれると思います。

リーダー　素晴らしいです。あなたにとっての解決法と、約束どおり私に情報を提供してくれる方法を見いだしたようですね。ありがとう！

紹介した三つの事例のなかで、あなたはどれが一番よいと思いましたか？　また、それを選んだ理由は何ですか？

この「責めないアプローチ」を用いてチームのメンバーとやり取りをすると、たいていの場合、そのミスを引き起こした理由は（やり取りの前から予想できた）一つだけではなく、ほかにもあるということが分かります。会話に好奇心を取り入れると探求心が起こり、解決法を得る過程での学びが同じ間違いを二度と起こさないようにもしてくれます。

評価を下すオープンな質問の利点――私たちは、この質問の価値は何ら見いだすことができませんでした。それは非難や屈辱を促進してしまうので、相手を見たり、聴いたり、理解したり、関係を築いたりすることに何ら役立ちません。しかしながら、このタイプの質問がもっている力を知ることで、それを常に避けることができます。

それでは、五つのタイプの質問が、ある一つの場面でどのようになるかを見てみましょう。設定する場面は以下のようなものです。

友達が就職のために面接に行くところです。彼女は、この仕事に就きたいと思っています。必要なスキルと経験をもっているだけでなく、自分にあっている仕事だし、とてもいい機会を提供してくれるとも思っています。そんななかで、彼女はあなたに何を着ていけばいいのかを相談しに来たのです。ちなみに彼女は、パーティーのために新しく買った、胸元の開いた赤いワンピースを着ていこうとしています。

①クローズドな質問――あなたは、胸元の開いた赤いワンピースを面接に着ていきたいのですか？

②評価を下すクローズドな質問――あなたは本当に、胸元の開いた赤いワンピースを面接に着ていきたいのですか？

③好奇心にあふれたオープンな質問――胸元の開いた赤いワンピースを面接に着ていく理由は何ですか？

④答えを誘導するオープンな質問――胸元の開いた赤いワンピースは、面接に適切だと思いますか？

⑤評価を下すオープンな質問――あなたは、なぜ胸元の開いた赤いワンピースを面接に着ていきたいのですか？

好奇心にあふれたオープンな質問で関係を築く

最近のことですが、人は何で構成されているのかを問う寓話を私たちは聞きました。その内容は、プラスとマイナスの、二つの同じ量で構成されているもので人は成り立っているというものでした。そして、人がどのような形で表出されるかは、どちらの部分をより多く供給するかに依存しているというのです。

私たちはこの寓話が気に入りました。なぜなら、自分たちやほかの人たちにプラスで、より批判的でない方法を使うとプラスになるからです。この捉え方は、私たちが言う好奇心も支持してくれており、結果的に、他者理解をベースにした関係構築も可能にしてくれます。

私（キャシー）が他者に批判的なときは、「嫌な感じ」がすることを長年の経験から学んでいます。この感じを、ほかの言葉で言い表すことはできません。しかし、自分自身にも他者に対してもプラス思考で臨めれば、自分がコントロールしたいという欲求を抑えることができるだけでなく、結果的に曖昧さを受け入れることができ、他者の発言を聴けるだけでなく、学ぶこともできるという会話の場をつくり出すことができます。

そのとき私は、相手が見え、聴こえ、そして相手を理解している感じがします。そして、それをオープンな質問を通して伝えはじめると、相手にも私が見え、聴こえ、そして理解できるようになる様子を感じるのです。

私は、このような場がとても好きです。そのような場は、とてもエネルギッシュであると同時に、穏やかで、人を育み、楽しくもあります。自分と他者に対しての評価を保留とし、自分がオープンで、自分を含むすべての人たちを受け入れられるとき、みんなとつながることができるのです。

子どもを産んでから、女性は同性に対して批判的になる傾向があることに気付いて、驚きと同時に悲しいと私（カーステン）は思っています。このことに気付いたのは、やはり私自身が母親になってからでした。そんなときにこそ一致団結しないといけないのに……。

母親たちが、「母乳VS哺乳瓶」、「専業主婦VS仕事をもつママ」、「自然食品VS非自然食品」、「公立学校VS私立学校」など、終わりのないリストで争っているという姿を見ました。そして双方が、自分たちこそが正しいとむきになっているのです。あとに残るのは、恥辱や失敗、そして自信喪失などです。

女性たちはまだ男性たちほど収入を得ていませんし、同じ機会も与えられていないこの社会において、女性は高級雑誌に登場するスパーモデルのような外見で、すべてをやりこなすことが求められています。女性同士が助けあえなくて、互いを理解しあえず、さらに「成功」とは何かについても再定義できないことが、私にはとても悲しいのです。

女性が相互により多くの好奇心をもち、（批判しあうことなく）自分と他者をより理解するようになることで、会話の中身が転換することを私は望んでいます。それは私たちにとってだけでなく、娘たちにとってもとても大切なことです。

とはいえ、この転換は起こりつつあります。ですから、個人としても、職業人としても、周りの人たちに自分がどのように見えるのかを意識してください。あなたは、自分自身とほかの人たちに対してどのような影響を及ぼしていますか？

五つの異なるタイプの質問を全部比較したことで、そのうちの三つが会話のなかで関係を築くという、私たちの目的にかなっていることが分かりました。

①**クローズドな質問**は、言い直しで確認をしたり、理解の正確さを確認するために使えます。④**答えを導くオープンな質問**は、相手の問題の解釈を理解したり、言っていることをより明確にしたり、詳細を確認したりするときに使えます。そして、私たちがもっとも好む③**好奇心にあふれたオープンな質問**は、可能性をつくり出したり、互いがより良く理解しあったり、創造的なものを考え出したりするときに使えます。

好奇心にあふれたオープンな質問は、どのようにリーダーシップを助けるのか

多くの場面で、人びとは会話から特定の結果を生み出す必要があると思っているので、みんな好奇心にあふれたオープンな質問ができなくて困っています。私たちの経験で言うと、リーダー（や親）たちは、自分が成功したと実感するために誰かが行動を改善したり、特定の成果を得なければならないと思っているのですが、その際、どうしたら好奇心をもつことができるのかと悩んでいます。

好奇心にあふれたオープンな質問することが、リーダーシップを助け、関係するすべての人に前向きな結果をもたらすという具体的な方法を次に紹介していきます。

好奇心にあふれたオープンな質問は、困難な状況を乗り越える際に役立つ

あなたが、「年間、五日以上休まないように部下たちに徹底するように！」と言いわたされた上司だと思ってください。あなたは、上司としてこのような話を部下たちにすることには気が進みません。部下たちに「敵」と思われるのではないかと心配していますし、自分に対する信頼と敬意を維持したいとも思っています。そこで、部下の一人（クリス）を自分のオフィスに呼んで、この組織全体の方針について話すことにしました。

上司　どうぞ入ってください。すでに知っていると思いますが、わが社では社員が休暇を取りすぎていることが大きな問題となっています。同業他社と比較して、わが社は年間に五日間の休みを目標にする、と決定しました。したがって、すべての上司はこの決定を部下に伝えなければなりません。過去一二か月に、あなたは二五日も休んだという記録があります。これは、会社が設定した目標値よりもはるかに多い休みです。これからの一年間、休みを大幅に減らす方法を考えることができますか？

部下　自信がありません。風邪を引いてなかなか治らなかったり、息子が風邪を引いて、夜の間私が看病をしなければならず、疲れきって仕事に来れなかったりしたときもありました。それ以外に、何があったのかは思い出せません。

上司　息子さんの世話で大変なときもあるようですね。年間の休みを減らすためにどんな方法が考えられますか？

部下　分かりません。自分がいつ風邪を引くか分かりませんし、同じように、息子がいつ風邪を引くかも予想できません。でも、インフルエンザの予防接種をしたり、十分に睡眠をとったりして、風邪を引かないようにこれまで以上の用心をすることはできます。

息子については、何ができるか正直なところ分かりません。息子は保育園に行っています。健康な子どもしか本当は登園できないことになっていますが、実際は風邪を引いている子どもが登園しています。

上司　自分の健康により留意することは、とてもいい考えだと思います。息子さんが通っている保育園の方針も、あなたはしっかりと守っているようですね。病気を抱えた子どもについての方針をより実効性のあるものにするために、あなたは何ができると思いますか？

部下　その件については、私自身とてもフラストレーションがたまっているので、保育園と話してみることはできます。私は、息子が風邪のときは家にいて面倒を見ています。でも、ほかの人たちのなかには、保育園の方針を無視している人たちもいます。病気の子どもを保育園が受け入れてしまうことで、健康な子どもたちを危険にさらしていることについて保育園と話してみます。

上司　それは、とてもいい考えです。あなたの仕事とあなたが所属している部署への貢献に対しては、とても敬意を抱いています。あなたが、これからも会社が前進し続けることを精いっぱいサポートしようとしていることは大変うれしいです。三か月後にまた会って、その後どうなったのかについて話し合うということでどうでしょうか？

部下　それで結構です。その間、私はできるだけ風邪で休まないように最善の努力をします。

共通の土俵で会話ができることを理解したクライアントは、自分を「悪者」と捉える必要がなくなり、会社の方針に焦点を当てることができました。自分が部下の結果責任をとる代わりに、会社が出してきた交渉の余地がない方針に対する結果責任を個々の部下にもたせることができるようになったのです。

その結果、部下たちはより安心でき、上司はより好奇心をもった状態を維持することができました。さらに、部下たちが上司にあった計画を考え出すということを助けることもできました。そこにあったのは、「あなたVS私」という対立関係ではなく、協力関係でした。

好奇心にあふれたオープンな質問は、効果的な伝え方を助ける

一方的に伝えるアプローチは時代遅れであることを、これまでに何度か述べてきました。しかしながら、時には一方的に伝えるアプローチが、相手にサポートを提供するもっとも効果的な方法になることもあります。ほかの多くの場合と同じように、伝えることも時と場合によっては効果的なのです。

そのタイミングは、質問（一般的には好奇心にあふれたオープンな質問）への反応のときです。質問には、助け、サポート、アイディアといった要求が含まれています。そのような状況では、アドバイスを求められたことを前提として、相手にとって役立つと思ったことをあなたが伝える形で反応する機会となります。

「求められた」ということが鍵となります。アドバイスを求められたとき、相手は心を開いており、こちら側が話すことを聴くということを知っているからです。もしそうでなければ、求めたりしませんから。そして相手は、こちらが提供するアドバイスを注意して聴き、受け入れてくれることでしょう。

しかしながら、私たちの多くは、アドバイスを求められていないにもかかわらず、それを提供

することが大好きです。また、アドバイスを求められたような状況では、求めた側がこちらの知恵や知識や経験を共有してもらいたがっているわけですから、提供する側は敬意と誇りを感じることができます。

好奇心にあふれたオープンな質問は、上司が焦点を絞ることを助ける

あなたは、チームのメンバーとのミーティングにおいて司会を務めているか、一人か二人の部下と仕事をしている上司かもしれません。あるいは、小さな子どもか一〇代の子どもと話をしなければならない親かもしれません。さらには、クライアントか患者が相談にやって来た専門的な仕事をもっている人かもしれません。

これらのケースの場合、好奇心にあふれたオープンな質問をすることで、知識や管理能力が欠けると思われると困るので、この質問方法を使うことが不適切と感じるかもしれません。つまり、自らを完全なる曖昧さのなかに置くことでうまくいくとは思えないということです。

このようなアプローチを使うことに、あなたは不安感を抱いています。その反応は、とても自然なことです。私たちが提案することは、部下や子どもや患者と話しはじめる前に、あなたが望む結果をあらかじめ決め、それに向かって話が進むように焦点を絞れるようにすることです。関

係者が解放される好奇心にあふれたオープンな質問をすることは、その結果を達成するために新しいアイディアをつくり出す助けとなります。

ミーティングの司会をする上司——みなさんには、本社から送られてきた新しい指示のコピーを配りました。二か月のうちに、この指示を達成する方法を見いだすことが期待されています。これを実現するにはどうしたらいいと思いますか？

指示は方法に関することで、上司は自分たちが置かれている状況を明確にし、好奇心にあふれたオープンな質問が焦点をつくりました。今は、参加者の誰もが発言できる状況です。思いついた者が発言できますし、誰かのアイディアに乗っかる形での発言でもよく、いい方法を見いだすべくみんなで協力しはじめています。

もし、発言が焦点からズレはじめたら（「本社がこんなことを私たちにやらせようなんて信じられない」とか「これはあまりにも理不尽なので、私たちはやる必要がない」など）、上司にはもう一度好奇心にあふれたオープンな質問をするという役割があります。そうすることで、参加者たちが話し合いのテーマに戻り、焦点を維持することができます。

また、学校で起こった事故について子どもと以下のような話し合いをもった親は、責任を負わせることなく、何が起こったのかをより理解するための目標を設定することができます。

親　今日、学校から電話をもらって、休み時間に運動場で起こったことで、あなたの友達のパーカーがとても怒っていると聞きました。あなたも、そこにいたそうね。パーカーをそんなにも怒らせた理由は何なの？

娘　彼は、いつも何もなくても怒り出すのよ。彼はまだ赤ちゃんなの。

親　よく聴いて、ステラ。私は、何が起こったのかが知りたいの。あなたたちに起こったことを詳しく説明してほしいの。

ここでも、親は焦点を絞っており、子どもが話をそらせようとしていますが、脇道にそらせないようにしています。

誰かが「それは、素晴らしい質問です」と言うのを聞いて、あなたはそれがどういう意味なのかと不思議に思ったことがあるかもしれません。あなたは、どのくらいの頻度でいい質問を聞いたことがありますか？　あるいは、いい質問をしたことがありますか？　あなたは、いい質問がされたとき、それをどうやって知りましたか？

たいていの場合、多くの人にとってのいい質問は、ためらわせたり、振り返えさせたり、考え直させたりすることを通して新しいことが学べたときとか、それまでには考えもしなかったことに気付けたりといった、目から鱗が落ちるような瞬間に導かれます(3)。

そのような体験は、大きなエネルギーと感動的な興奮を生み出してくれるほか、ほかの人にも新事実の恩恵にあずかることを可能にしてくれます。また、それにかかわるすべての人の好奇心を引き出すアイディアをつくり出し、新しい可能性やさらなる創造性へと導いてくれます。これこそが、質問をすることによって得られる価値であり、財産なのです。

あなたにも、好奇心や振り返り、そしてかかわるすべての人に学びを提供するいい質問をつくり出すことができます。筆者である私たちは、好奇心にあふれたオープンな質問をしようとする意思を、ぜひあなたにもっていただきたいと思っています。今日、あなたはいくつの好奇心にあふれたオープンな質問をしますか？

---

(3)「いい質問とは」でブレーンストーミングしてみてください。その例が、拙著『会議の技法』（中公新書、二〇〇〇年）の一六七ページに紹介されています。『インターネットの次に来るもの』（ケヴィン・ケリー／服部桂訳、NHK出版、二〇一六年）の三八〇～三八一ページも参照してください。

表4　好奇心をもって聴く五つの選択肢とその質問例

聴き方の選択肢	聴き手が考えていること	特徴	使い道	この選択肢を使える典型的な質問例
選択肢1 **話し手を無視する。**	聴き手は言われていることを無視する。	聴かない。 考えを受け入れない。 黙っている。 話し手を理解することに興味がない。 ほかのところに焦点を当てている。	聴き手が静かでありたいとき。 会話をやめようとして、ほかの方法をすべて試したあと。 関係を築くことに聴き手が価値を見いださないとき。 聴き手が話し手を黙らせたいとき。	質問をしない
選択肢2 **自分に焦点を当てる。**	「もし私があなたなら、私は……のようにします」 「私は、あなたに……をして欲しいです」 「私は、あなたは……をすべきだと思います」 「私は、あなたが……をしたことが信じられません」	注意して聴いている。 話し手の考えは受け入れない。 自分の価値観で判断する。 話し手の評価を下し、自分と比較する。 正しい必要があるか、間違いを恐れる。 話し手を理解しようとしない。	聴き手が自分の考えを共有したいと思ったとき。 「あなたはどうしますか？」という質問への反応として。 メンタリング。 友達や家族と話しているとき。 緊急時。	①クローズドな質問 ②評価を下すクローズドな質問 ④答えを誘導するオープンな質問 ⑤評価を下すオープンな質問
選択肢3 **話し手に焦点を当てる。**	「あなたは……をすべきです」 「あなたは……が必要です」 「あなたは……をしなければなりません」	注意して聴いている。 話し手の考えは受け入れない。 自分も話し手も評価する。 （頼まれもしないのに）話し手を助けようとする。 話し手を理解しようとしない。 アドバイスを提供する。	アドバイスを提供するとき。 医師、弁護士、カウンセラー、メンターとして情報提供をするとき。	①クローズドな質問 ②評価を下すクローズドな質問 ④答えを誘導するオープンな質問 ⑤評価を下すオープンな質問

聴き方の選択肢	聴き手が考えていること	特徴	使い道	この選択肢を使える典型的な質問例
選択肢4 **理解することに焦点を当てる。**	「あなたは、どうしてそれをしたのですか？」 「あなたは何をしますか？」	傾聴する。 好奇心がある。 話し手を理解しようとする。 評価を下さない。 仮説をチェックする。 曖昧さを認める。 共感をはっきり示す。	話し手の考えを理解したいとき。 情報を得たいとき。 学びをサポートするとき。 コーチングやメンタリングなど、プロとしてのアドバイスを提供するとき。	③好奇心にあふれたオープンな質問 ①クローズドな質問
選択肢5 **話し手と聞き手の両方に焦点を当てる。**	「私は、あなたが……をしたほうがいいと思います」 「私たちは、どうすればこれを達成できるとあなたは思いますか？」 「私たちは、……をする必要があります」 「あなたがそれを達成するために、私は何を助けられますか？」	傾聴する。 好奇心がある。 自分の興味関心を説明する。 話し手の考えにオープンである。 話し手を理解しようとする。 前進するために共通の基盤をつくる。 共感をはっきりと示す。 結果に興味をもち続ける。	交渉するとき。 問題解決のとき。 チームやリーダーや親として協力するとき。 目標を設定するとき。 話し手をサポートするとき。	③好奇心にあふれたオープンな質問 ⑤評価を下すオープンな質問 ①クローズドな質問

五つの聴き方の選択肢が質問内容を決定する

容易に思い出せるように、常に私たちがもっている五つの聴き方の選択肢と、その特徴と使い道を前ページの**表4**に再掲しました。**表4**では、四番目の項目として、それぞれの聴き方の選択肢で使える質問も紹介しました。

明らかに、私たちがどのように聴くかという選択は、どの種類の質問をするかに影響してきます。たとえば、選択肢2（自分に焦点を当てる）を使って聴くとしたら、選択やアドバイスの幅を狭めることになるため、私たちはコメントを言う形で反応するか、クローズドな質問をします。もし、選択肢4（理解することに焦点を当てる）を使って聴くなら、私たちの反応は必ずしも結果にはつながらないオープンで、好奇心にあふれたものになりますが、相手が言ったことを聴いたあとでは、一方的に伝えるか、クローズドな質問で反応することが一番よい結果をもたらすと判断するかもしれません。

もっとも頻繁に使われるのは選択肢2（自分に焦点を当てる）か選択肢3（話し手に焦点を当てる）で、伝えることはこれらの選択肢の副産物なので、ほとんどの人は質問をする代わりに一方的に伝える形で反応します。たとえあなたが最初にどんな選択肢を選ぼうが、意図的に好奇心にあふれたオープンな質問をすることで、あなたを選択肢4か選択肢5に転換することになります。

私たちはみんな、この世界に対して好奇心いっぱいで生まれてきます。大人である私たちは、すでに知っていることを思い出せれば十分なのです。あなたはすでに、あなたが相手を理解し、相手があなたを理解することでよい関係が築けるという好奇心のスキルを学び直しました。次は、あなた自身について興味をもつときです。

パート2では、好奇心をもつことによって自分自身をより良く理解するための方法を紹介していきます。そうすることで、あなたはほかの人たちもより良く理解できるようになります。

さあ、試してみよう！

❶本章で紹介した五つのタイプの質問を振り返ると、あなたがもっとも頻繁に使っているタイプの質問はどれでしょうか？　また、それはどうしてだと思いますか？

❷そのタイプの質問は、あなたがほかの人たちを理解するのにどのように役立っているでしょうか？

❸今後のことを考えた場合、話し合いの際にあなたはどのタイプの質問を練習するつもりでいますか？　また、それはどうしてですか？

❹あなたが好奇心をもってほかの人を理解する際、五つの聴き方の選択肢をどのように使いこなしますか？

パート2

好奇心を使って自分自身を理解する

第5章

自分の価値観を明らかにする

自分の価値観を知っているなら、
判断をするのは難しくない。

ロイ・ディズニー*

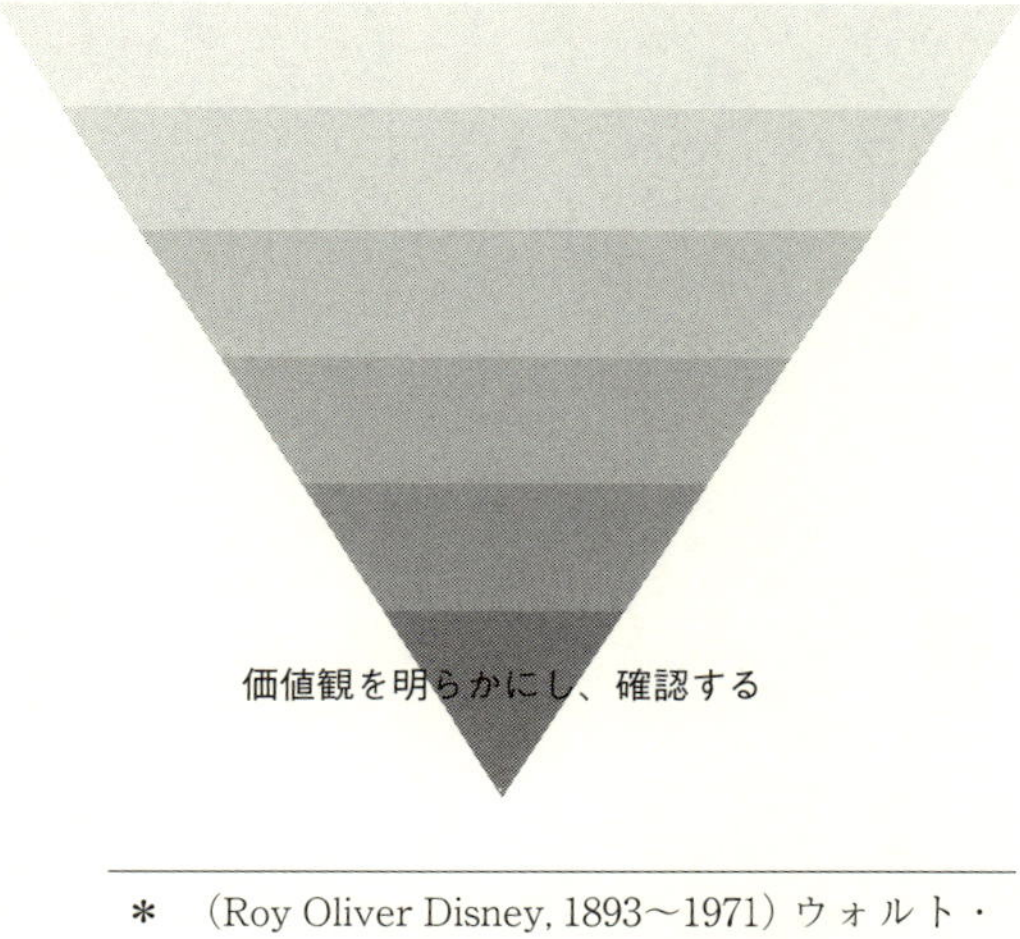

* （Roy Oliver Disney, 1893～1971）ウォルト・ディズニーの兄で、ウォルト・ディズニー・カンパニーは兄弟二人で創業しました。弟は生粋のクリエイターで、兄は実務家タイプでした。

カーステンが小さかった何年も前のことですが、私（キャシー）がカーステンと彼女の兄を連れて通りの反対側を歩いているとき、隣に住むご主人がちょうど帰宅したところでした。彼は腹を立てており、私の友人がその日の朝に四五分も待ちぼうけをくわせたことを話してくれました。そして、「遅刻することは、もっとも自己中心的な行為だ」と言いました。

硬直して、私は動けなくなりました。何度も約束に遅れたことや、時間を守ることを気にしていなかったことを考えずにはいられませんでした。私が遅れたことで、相手が怒っていたかもしれないと考えてみたことがなかったのです。私自身は、相手が少し遅れてもまったく気にしませんでしたし、ほかの人も同じように考えているとしか思っていなかったのです。

自分の価値観を理解する

私たちの誰もが、自分の信じる価値観、つまり「自分とは誰か」を構成していることになる妥協の余地のない特徴をもっています。それらの価値観が、私たちは誰か、私たちの核は何か、そして生き方のほとんどを決めています。

自分の価値観と合致した人生を送っていれば、調和を感じ、摩擦や矛盾を感じることなく生きることができ、自分自身とのつながりを感じることができます。つまり、個々人が定義する幸せや成功の定義に従って、幸せや成功を感じることができるのです。

逆に、自分の価値観に合致しない形で生きていると、さまざまなものとのつながりもしっくりせず、「人生とはもがくこと」とさえ思ってしまいます。たとえば、家庭中心の価値観をもっているのに週に七〇時間も働いていたら、家族と自分が望む時間を過ごせないため、あなたは心の葛藤とストレスを感じることでしょう。

もし、自分の価値観を理解していたら、それを利用することで、自分はどのような生き方をしたいのかという判断がしやすくなります。あなたはリーダーとして、より高い自己認識、より強固で本物の関係、より高いレベルの一貫性、そしてより多くの信頼を得ることができます。より一貫した行動を可能にするので、より良い親、よい息子／娘、よいパートナー、そしてよい友達になることができます。さらに、より幸せで成功し、偽りのない関係を築くという選択を可能にしてくれます。

自分が大切にしていた価値観に基づいて生きることをやめてしまった。自分の行いが間違っていることは分かっていた。しかし、普通のルールは通用しないのだからと自分に言い聞かせていた。何をやっても見逃してもらえると思っていた。

タイガー・ウッズ(1)

対立は腹立たしいもの、あるいは他者との感情的なやり取りと捉えられることが多いのですが、実際は、感情的な負のやり取りが勃発する以前に価値観レベルでの対立がはじまっています。自分の価値観に対立が生じたり、あるいは価値観を尊重してもらえないとき、感情のスイッチが押されることになります。

何年も前の朝に隣のご主人の身に起こったように、無視されたり、怒らせたり、敬意を感じなかったりするのです。彼がもっている時間に対する価値観が無視され、感情のスイッチが入ってしまったのです。その感情はとても強く、朝に起こったことであるにもかかわらず、夕方になって誰かに言わないと我慢ができないほどのものだったのです。このことが、彼と私の友人との関係にどのような影響を及ぼすと思いますか？

あなた以外の誰も、それが気分を害する行為とは思っていないのに、それによってあなたの気分が害された状況について考えてみてください。その行為のいったい何が、そんなにあなたを憤慨させたのでしょうか？　気分を害した行為を明らかにすることは、あなたの価値観をはっきりとさせ、あなたの感情のスイッチを理解するために役立ちます。

隣のご主人にとって、時間どおりであることは大切なことでしたが、私の友人はそのことを同じようには捉えていなかったのです。彼らの価値観はまったく違っており、私の友人にとって、時間どおりにミーティングに来ることは大切ではありませんでした。隣人は無視されたと思っていますが、私の友人は同僚を無視したなどとは夢にも思っていないでしょう。

私自身にとってもこの体験は、時間どおりであることがそれほど重要ではないと思いつつ、ほかの人にとってはとても大切であることを学ばせてくれたので、それ以降、私はそういう人たちを尊重して時間を守るように努めてきました。ほとんどの場合、このときに決めたことを守っていますが、どうしても遅れそうになったときは、携帯電話を使って予想される到着時刻を事前に連絡するようにしています。

自分の価値観をはっきりさせる

長年にわたる経験を通して、私たちはごく少数の人しか自分の価値観を理解することに時間を割いていないということを知りました。しかしながら、それを明らかにしようとしまいと、人には価値観があります。しかも、自分の価値観を見いだすことは楽しくもあります！

以下に掲げた価値観のリスト（**表5**）は、好奇心をもって自分の価値観を見つけ出し、それら

（1）出典　http://longtailworld.blogspot.jp/2010/02/tiger-woods-makes-public-apology.html。タイガー・ウッズは、かつて世界ランク第一位となったゴルフプレーヤーです。

表５　価値観を表す言葉

結果責任	調和	責任
達成	健康	結束
業績	誠実	きちょうめんさ
冒険	人助け	安全
芸術	心の平穏／安らぎ	他者を満足させ
権威	イノベーション	ること
自然度（本物度）	整合性	安心
挑戦	正義	他者への奉仕
変化	知識	単純さ
コミットメント	リーダーシップ	精神性
（深い関与）	学ぶこと	安定性、確実性
コミュニティー	聴くこと	地位
つながり	情熱にしたがっ	成功
協力	て生きること	チームワーク
創造力	忠誠	時間の管理
好奇心	愛	伝統
発見	お金	安定
共感	情熱	透明性
平等	平和	寛容、忍耐、寛
卓越	喜び　娯楽	大さ
家族	プラス思考	信頼
公平	権力	真実
自由	プライバシー	理解
友情	公共への奉仕	一貫性
楽しいこと	人間関係	知恵
感謝	自分と他者に対	
栄誉	する配慮	
勤勉		

（注）アルファベット順に掲載されたものを邦訳しました。

があなたをどのように表しているかを明らかにするために私たちがつくったものです。あなたの核となる、価値観を表す言葉を選んでください。

このリストでピンと来るものが見つからなかった場合は、「価値観　リスト」でネット検索して、ほかの言葉から見つけ出してください。自分にとって価値のあるリストを見つけたら、それに興味をもってリストを再検討しながら、心に響く言葉に下線を引いてください。惹き付けられる言葉を見つけてください。自分にとって、強いつながりや意味を感じる言葉です。

その後、下線を引いた価値観のなかから、自分を表し、自分がどのような人生を歩みたいのかにもっともピッタリくる三つの言葉を選んでください。これら三つの価値観は、あなたにとってのレーダーであり、方位磁石となります。それらは、意識する、しないにかかわらず、あなたの意思決定を左右し、自分自身に忠実に生きているか否かを示してくれることになります。

私のトップ3の価値観

1

2

3

次は、これら三つの価値観が、あなたにとってどのような意味があるのかをはっきりさせる時間をとってください。これらの価値観にどのような意味をもたせるのか（どのように説明するか）は、あなた次第です。

たとえば、二人の人が「冒険」に価値を見いだしたとしても、一人は冒険を何か新しいこと、もしくは違ったことをするものと捉えており、もう一人は飛行機からスカイダイバーとして飛び降りるような、極端な危険を犯すことと捉えているかもしれません。ほかの人が、これらの言葉にどのような定義を与えるのかについては気にしないでください。あなたはどのように定義しますか？

三つの価値観の定義が決まったら、次の質問について考えてみてください。

❶これらの価値観は、私をどのようないい気分にさせてくれるのか？
❷これらの価値観が、私の暮らしのなかにないときはどのように感じるのか？
❸これらの価値観が、私の暮らしのなかにあるときはどのように感じるのか？
❹自分の選択があまり受け入れられず、少数派であったときにも、これらの価値観は私が信じることにどのような影響を与えるのか？

もし、これら四つの質問に答えにくいときは、興味をもち続けて（つまり「今、ここ」に集中して、自分の考えに耳を傾け、さらに掘り下げ、自分に対して好奇心にあふれたオープンな質問をし続けて）、自分が納得いく三つの価値観を見いだせるまで考えてください。これから数日間（あるいは数週間）は、あなたが選んだ三つの価値観を頭の片隅に置いたままで、それらが本当に大切なもので、自分自身を表すものであるかについて考え続けてください。

覚えておいていただきたいのは、正解も、間違った答えもないということです。あなたにとっての核となる価値観は、あなたにとってだけ意味のあるものなのです。

念のために言いますが、リストをつくる際には、あなたがもっていたらいいなあと思う価値観を選ぶのではなく、すでにもっている価値観を選んでください。もし、自分が本当にもっている価値観（つまり、あなたを構成している大切な特徴）を明らかにできない場合は、自分の生き方と合致できず（なぜなら、本当に自分自身のものでない価値観と完全に合致することはありませんから）、自分自身を本当に理解することも、より強固な自己形成もできなくなります。

自分の価値観を生きる

自分の価値観を見いだし、それらに定義を与えられたら、あなたはそれらを実践しながら生きているか否かに気付きはじめます。もし、自分の価値観に従って生きていたら、あなたは自分の人生で起きていることに対してとてもよい印象をもっていることでしょう。多くの人は、この感覚を「地に足がついている」とか「心穏やか」とか「安定している」と言います。逆にそうでないときは、あなたは「イライラする」とか「矛盾」とか「自分を見失っている」という感覚を味わうことになります。

あなたが選んだ三つのリストを「1」から「10」の段階で表すとしたら、あなたの人生において、それぞれの価値観はどのくらいのレベルで存在していますか？　あなたは、どれほどきちんと自分の価値観のもとで生きていますか？　あなたが望んでいる自分の価値観と行動が一致する、充実した人生をつくり出すためには何が必要でしょうか？

もし、充実した人生を送っていないとしたら、おろそかにしている価値観をより大切にした生き方をするためには何をしたらよいのでしょうか？　それぞれの価値観に与えた定義を振り返ってみてください。それぞれの段階がすべて「10」だったとしたら、つまりそれらの価値観をすべて満たす形であなたが生きているとしたら、あなたの人生はどのようになっているのでしょうか？　もし、そのように生きていたとしたら、あなたはどのように感じているのでしょうか？

約一分間、自分がどのように見えるかや、ほかの人との関係でどのように見えるかを含めて、自らの人生がどのようになっているのかについて、左記の三点も踏まえてイメージしてみてください。

図5　人生の側面

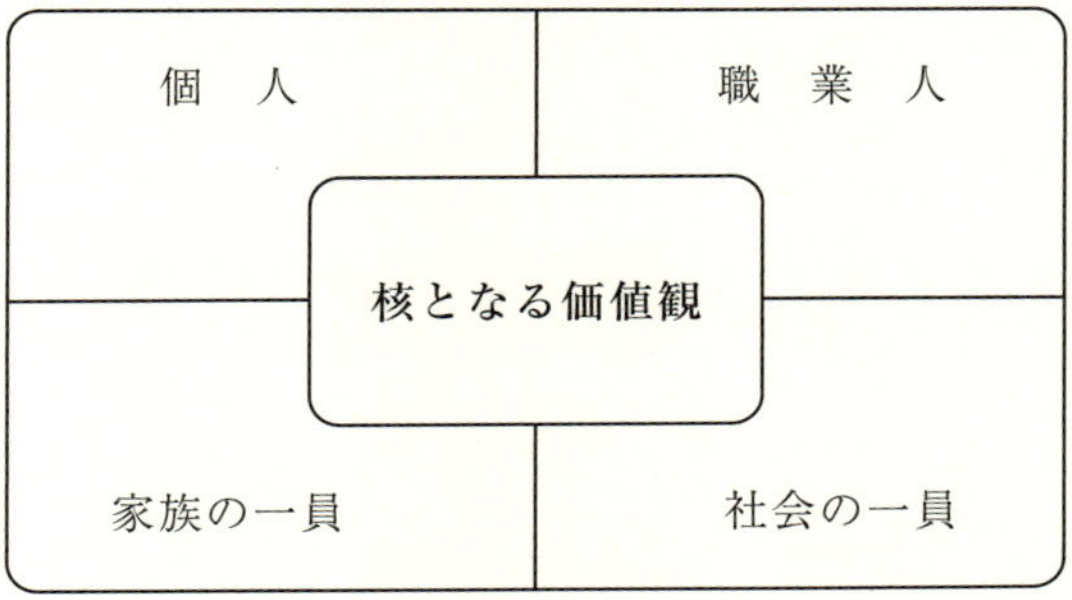

・どのような違いがあるのでしょうか？
・今の人生のうえに築けるものにはどのようなものがありますか？
・あなたの価値観と自らの行動や意志を一致させて充実した人生を送るために、妨げになっているものは何でしょうか？

忘れてならないことは、私たちは一つの側面だけで生きているわけではないということです。個人的な人生に加えて、私たちは職業人（組織の一員）、家族の一員、そして社会の一員として生きています。調和した人生を歩みたいのであれば、人生のすべての側面で価値観を一致させることが重要となります。

三つの大切な価値観は、あなたの個人的な人生にはどのように表れていますか？　あるいは、家族の一員、同僚たちとの組織の一員、さらには友人や隣近所の関係で社会の一員としてはどのように表れていますか？

もし、あなたが一致していないと思ったら（あるいは、一致

表６　核となる価値観

	どのくらいこの価値観をいま実践できていますか？	気付くことはどんなことですか？	より一致させた生き方にするために、どんなことができますか？
個　人			
職業人			
家族の一員			
社会の一員			

していると思っても）、**表6**を使って、三つの核となる価値観をより一致させるためにどうしたらいいのかについて考えてみてください。

個人と職業人としての自分の関係を振り返りながら、たとえそれらがあなたの価値観と同じではなくても、ほかの人たちの価値観に対してあなたが敬意を表すことのできる方法にはどのようなものがあるでしょうか？　個人と職業人としての自分の関係をサポートするために、好奇心をどのように使えばいいでしょうか？

集団の価値観を理解する

あなたが、ある会社の販売部門のリーダーであると仮定します。あなたの核となる価値観は、「誠実」「（義務を果たす）責任」「結果に対する責任」の三つです。月間の数値をクリアするために、あなたの部下たち全員が販売ノルマを達成する必要があります。

各人の数値が上がっていないことに気付いたあなたは、このままでは月間の数値をクリアすることができないと思いはじめています。いろいろと考えた末、販売目標をクリアするのはあなたの責任で、この会社はあなたの会社でもあるので、部下たちに給料を支払うのもあなたの責任であることを確認しました。

部下たちのなかに、無駄話をしている者、長い休憩時間をとっている者、そして互いに無視しあっている者などがいることにもあなたは気付きはじめています。あなたは、クリアしないといけない数値があるのでイライラしています。個々人がノルマを達成して、目標となっている数値をクリアするためにはどうしたらいいのかというミーティングを部下たちともちました。そのなかの一人が、途方に暮れていると言いました。

「自分にできることについては最善を尽くしていますが、子どもが病気で、子どもの快復を優先する必要があります」と、一人の女性が言いました。別の男性は、「自分のこれまでの最良の顧客たちに電話をしましたが、売り込み電話はかけないで欲しいと言われてしまいました」と報告しました。

彼は、新しい顧客を開拓するよりも、長年の経験を生かして顧客リストをつくり、よい関係を維持することに焦点を当てています。さらに別の部下は、「自分はみんなに電話をしましたが、誰も折り返しの電話をくれないので、待っているところです」と言っていました。

腹が立ち、しかも納得できなかったので、あなたは自分で調べはじめることにしました。何人かの顧客に直接電話してみたところ、部下たち全員が必要な情報を顧客に提供していなかったことや、彼らが「している」と言った形ではフォローアップも行っていないことを知りました。また、顧客たちが、一時的に無視するか、あるいはほかの会社に切り換えていることも知りました。激怒して、なぜ部下たちはこんなことをするの、と思いました。

あなたは、部下たちが嘘をついたと思っています。彼らは、自分の責任を果たしていません。しかし、彼らの行動に対する結果責任をもっているのはあなたです。自分がやればできると思っていましたし、販売目標を達成する必要もあったので、すべての責任を取って、自分で販売の確保に動きはじめました。

その一方では、あなたのやっていることは非現実的で、多くを期待しすぎているので、部下たちはあなたに対して怒っています。彼らに言わせれば、与えられた仕事をちゃんとしているのに、それでは不十分だと言われていることに腹を立てているわけです。もはや、誰もチームとしては仕事をしておらず、（会社の販売目標も含めて）誰のニーズも満たされていません。結果的に、仕事に満足している人は誰もいないということです。

このような状況は、職場だろうと、家庭だろうと、いつでも起こり得ることです。職場のチームとして、家族として、あるいはコミュニティーとして人びとがつながりあって何かをしようとするとき、個々人が固有の価値観をグループにもち込むため、結果的に多様な価値観がそこに存在することになります。

先のケースでは、チームのメンバー全員を犠牲にして、上司であるリーダーの価値観が大きく、しかも明確に伝わってきます。メンバーにとっては、その価値観が何であるかは分かりません。にもかかわらずリーダーは、全員に、自らの価値観に従わせようとしています。

今、見てきたように、グループのメンバーが一緒に過ごす時間が長い場合は、何の話し合いもせずに個人の価値観をグループ全員に押し付けることは全員をイライラさせることになります。必ずしも望ましいとは言えない達成目標を設定された状況においては、メンバーの関係も問われていることになります。

グループとしての価値観をつくり出すことは、単に競争相手としての個人が一緒にいるだけの状態ではなく、チームとして機能するためのアイデンティティーを形成するのに役立ちます。また、グループとしての価値観は、一緒に困難な航海をするために役立つ、とても重要で共通の羅針盤を提供してくれます。そして同時に、グループないし組織のメンバー全員が、共通の目標に対して結果責任を負うという明確な期待をも提供してくれます。

グループの価値観が明確でなかったことで、先のケースのリーダーが取り返しのつかないミスをしてしまうところでした。しかしながら、いったんチームが自分たちの価値観を明確にすることができたなら、メンバーは自分たちに期待されていることや何を大切にしたらいいのかを理解することができます。そうなるとメンバーは、自分が大切にしている価値観をグループの価値観とどのように折り合いをつけたらいいのかと考えるようになります。

今は、グループとして、みんなで同じ価値観を共有しています。さらに、グループとしての価値観を明確にすることは、結果責任をリーダーだけがもつのではなく、メンバー全員に対して結果責任を共有してもらうことも可能にします。何か問題が起こっても、全員で結果責任を負うための羅針盤、つまりグループの価値観に立ち戻れば一貫性が保たれます。そして、熱心に仕事に取り組むことが誰にとっても容易なこととなります。

まったく同じことは、家族を対象にした場合にも言えます。家族にとって大切な価値観を自分たちで考え出すことで、一緒に人生の荒波を航海していく際の行き先を、共通の羅針盤が提供してくれることになります。同じことは、多様な人間で構成されている組織についても言えます。

かなり前、私（キャシー）はある麻薬組織で働いたことがあるという人と話をしたことがあります。彼は、麻薬組織がもっていた信頼、敬意、一生懸命に働くことを含めた価値観について誇らしげに語ってくれました。彼が定義するそれらの価値観は、私やあなたがそれらに込める意味

表７　グループの価値観

グループ	価値観	それが意味するものは？	それをどう大切にしていますか？

とは違うかもしれませんが、麻薬組織のメンバーはそれらの価値観の意味を知っており、それらを貫いていたのです。

もちろん、すべての組織は、気付いているか否かに関係なく、組織として機能するために共通の価値観をもっています。たとえば、あるグループにとっては、会議中に互いの発言を途中で遮ることが創造的な解決法をつくり出す方法かもしれません。別のグループにとっては、途中で遮ることは失礼な行為で、創造的なプロセスの邪魔になると考えているかもしれません。

また、あるグループにとっては、倫理的なことが交渉の余地のない価値観かもしれません。一方、別のグループにとっては、倫理的なことよりもお金に価値を置いているかもしれません。したがって、給料日には倫理的なことは大目に見られます。

何よりもお金を第一に捉えている組織で働く従業員

が倫理的な価値を大切に考えていたとしたら、どのようにして誠実さを見いだすと思いますか？　そのような環境に長くいるとしたら、その人はどうなると思いますか？

どんな組織も、チームも、グループも、好奇心をもって自分たちが敬意を示し、自分たちにとって大切な価値観のリストをつくり出し、それを定義することができます。あなたが所属するいろいろなグループや組織がもっている価値観に興味をもって、**表7**を埋めてみてください。これらをすべて書き出せれば、それらの価値観があなたのグループや組織の結び付きを強化するだけでなく、組織のユニークさや特殊性も明らかにしてくれることでしょう。

自分の価値観を貫くことの障害

人間は話すときに盲点をもっています。それは、自分の心と他者の心をつなぐ妨げになる信念です。そして、盲点があるところでは対立や断絶が生まれます。(2)

『Conversational Intelligence（会話能力）』の著者ジュディス・グレイザー

信念

人によっては、価値観と信念は同じだと捉える人もいます。しかし、私たちは違います。信念とは、自分自身の経験、自分の出自、自分にとっての先生たち、そして自分の人生に影響を及ぼしたことなどから私たちが真実と捉えていることです。信念は本当（真実）ではないかもしれませんが、価値観は私たちの人生を固定する、交渉の余地のない真実です。

信念には二つの種類があります。主観的なものと客観的なものです。主観的な信念は、ほかの人によってつくり出された証拠を基に真実性を受け入れたものです。たとえば、私たちのほとんどは宇宙に出たこともなければ、その信念の正しさを検証することができませんが、地球が丸いことを知っています。一方、客観的な信念は自分たちの経験に基づいたもので、それらの経験からもたされた「真実」のこととなります。

信念が抱える問題は、その多くが私たちにまったく役立たないことです。それらは、私たちの価値観に合致した生活や、自分が好きだったり得意だったりすることを行う際の妨げになっています。それらはまた、自分や他人のことを判断したり、それが制約につながったりしてしまうという盲点さえつくります。

私（キャシー）の昔のクライアントに、とても才能のあるグラフィック・アーティストがいました。しかし、彼女は自分の才能を信じていませんでした。そのことが、彼女の人生のすべての

（２）（Judith E. Glaser）ベンチマーク・コミュニケーションズのＣＥＯおよびクリエイティング・ウィー・インスティテュートの会長です。

側面において問題をつくり出していたのです。

私たちは、彼女のスタジオの外でよく話し合いをしました。スタジオの裏口を出ると、外は居間のようなスペースになっていて、数名のアーティストによって彩られた外壁を背にして、ソファが置かれていました。彼女はそのソファに座るとすぐに、まるで壁のアートのなかで一息つくかのようにして身体を私のほうに向けたのです。そのアートが、彼女の拠り所であることは明らかでした。またそれらが、彼女を穏やかで分別のある状態に保っていました。

私は彼女にとても興味をもちはじめ、彼女がどうしてグラフィック・アーティストになったのかを理解しようとしました。自らの遍歴を語りはじめた彼女ですが、うっかり口走ってしまったのです。

「でも、これは本物の仕事じゃないから、気にしないでね」

「グラフィック・アーティストとして生計を立てている人にとって、その仕事は大切なことだと思いますが、どうしてそんなふうに言うのですか?」と、私は尋ねました。

「誰でも知っていることでしょう」

「誰でもって、誰のことですか?」

彼女は、見るからにイライラしはじめました。

「私の両親は、ずっと言い続けています。描くことは本物の仕事じゃない。〝本物〟の仕事を見つけなさい」と、とてもきつく言いました。

「それでは、あなたのご両親にとって〝本物〟の仕事とは何なのですか？」と、私の好奇心は最高潮に達しました。

「医師、弁護士、教師。価値のある仕事に就いている人たちです」と彼女は言って、泣きはじめました。

すべてが解明しました。彼女のもがきの理由はこんなにも近いところにあったのです。しかし、自分ではなかなか気付けなかったようです。絵を描くことは本物の仕事ではないという両親の信念が彼女自身の信念になり、彼女は「本物」の仕事をしていなかったので、自分には価値がないと考えていたのです。

問題は、彼女にはとても才能があるということでした。しかし、両親から受け継いだ信念が彼女に真実を見えなくしていたのです。彼女は自らのアーティストとしての才能を信じていなかったのかもしれませんが、彼女はその技能（スキル）に価値を見いだしていました。そして彼女は、自分と同じ仕事をしている同僚たちに対して敬意を抱いていました。つまり、彼女の信念は彼女の価値観と真っ向から対立していたのです。

頭では、自分がまったく信じていない両親の信念に自らの成長を阻止させるなんて馬鹿げていることだと分かっていました。でも、心では無視することができなかったのです。自分には才能がなくて、価値もないと思い続けたほうが楽だったのです。不幸なことに、彼女の両親が発信し続けている信念は、彼女を押し留めるだけではなく、彼女の人生をも妨害しているのですが、そのことに対して彼女はまったく判断力を失っていたのです。

再構成する

信念が自分の人生を生きる助けにならないとき、それらの信念について探究し、無気力の原因となる盲点にならないように位置づけるための効果的な方法があります。それは、「再構成」をすることです。再構成は、状況、経験、考え方、信念を取り上げて、それらを好奇心にあふれたオープンな質問を使って異なる視点で見ることで、新しい結果やまったく異なる結果をつくり出すための可能性を生み出します。再構成を可能にする好奇心にあふれたオープンな質問には次のようなものがあります。

・これを違う形で見るにはどんな方法があるのだろうか？
・この信念から学んだことは何だろうか？
・この経験をどのようにすれば活用できるのだろうか？
・これは、自分をどのようにサポートしてくれているのだろうか？

・私が逃しているのは何だろうか？
・これを新しい方法で探究するにはどうしたらいいのだろうか？

クライアントのグラフィック・アーティストは、自分を尻込みさせているものは何か、そして自分の妨げになっている信念が自分自身のものでないことを理解したとき、彼女はそれをゆっくりと手放すことができました。古い信念が再び現れて、自分を傷つけていることに気付いたとき、彼女はそれを止めることで、好奇心を使って自らのマイナス思考をプラス思考に再構成することができます。そうなれば、彼女は自分の経験に変化をもたせることができるのです。

自分の仕事には価値がなく、自分はダメな人間だという彼女の古い信念は、「私は芸術や芸術家をとても大切に思っているので、芸術家である自分にも価値があり、本物の仕事をする能力がある。芸術家は美をつくり出し、誰もがもっているわけではない才能をもっている。私は美しいものを大切に思っており、それをつくり出す才能をもっている芸術家であることをとても幸運に思っている」に変換されました。

芸術家であることが自分にとってどれだけ大切なことであるかをいろいろな観点から考えることで、自分を傷つけている信念を始動させるスイッチに気付いたのです。誰かが彼女を褒めたたえたとき、「はい、でも……」と考えてしまう代わりに、彼女は阻害要因になっている信念のスイッチを認識し、好奇心を使ってその信念を再構成し、自分の才能を認め、そして称賛を快く受け入れるようになったのです。

あなたを妨げている信念について考えてみることをおすすめします。もしかすると、あなたは子どもだったときに、職業として歌を歌ったり、絵を描いたり、写真を撮ったり、スポーツをすることはできないと言われたかもしれません。それがあなた自身の信念になり、それらの活動を回避する結果をもたらしたか、または選択肢に影響を及ぼしたかもしれません。そのような信念を、次のような好奇心にあふれたオープンな質問をすることで分析してみてください。

・何が私にその信念は正しいと思わせているのだろうか?
・その信念は、どのようにして私の価値観を支えているのだろうか?
・その信念は、いったいどこから来たのだろうか?

それがどこから来たのか、それがあなたの人生で果たしている役割、そしてあなたをどのように支えているのか（あるいは、いないのか）など、その信念について納得するまで好奇心にあふれたオープンな質問を続けてください。それから、その信念を一八〇度転換することを意図した好奇心にあふれたオープンな質問をすることによって、その信念を再構成し、そして新しい視点でそれを見てください。それは、次のような質問をすることを通してできます。

・自分の価値観を支えるようにするために、この状況を違った形で見るにはどうしたらいいのだろうか？
・この信念を手放す選択をしたら、何が起こるのだろうか？
・この信念が私を押し留める状況から、私が学び続けて前進する状況に転換するにはどうしたらいいのだろうか？
・自分のことを押し留めているこの信念に対して、私はどのような思い込みをしているのだろうか？（思い込みについては、次項でより詳しく論じます。）

自分たちがもっている信念、それが人生において果たしている役割、そして自分に対してその信念がもっている影響について新しい理解の仕方を探究することは、自分自身のこと、自分がしている選択、自分がどのように関係を築いているのか、そしてどのように自分の価値観と一致させているのかといったことについてより良い理解を提供してくれます。自分の信念に向き合い、再構成することを通して新しい見方を獲得することで、私たちは自分の信念をどのようにしたいのかが決められるようになるのです。

もし、信念がまだ自分を支えてくれていると判断するなら、それを利用すればいいのです。逆に、もしそれがもはや自分の支えにはなっておらず、しかも盲点をつくり出していると判断した場合は、自分が欲する人生を受け入れるためにそれを手放せばいいのです。信念に関しては、選択権は常に私たちにあるのです。

思い込み

思い込みは、それが正しかろうが、そうでなかろうが、私たちが当然のものと思ってしまうものすべてです。私たちは、「思い込みは、あなたと私をひどい目にあわせる」[3]や「何事も想定するな（思い込むな）」という言い回しを知っていますが、私たちはいつも思い込んでしまうものなのです。

時には、私たちの信念が思い込みをつくり出すことにつながっています。たとえば、今あなたが、カジュアルな服装をした若い男性がとても高価な自動車の脇に立っているところを見ていると仮定します。

もしあなたが、お金持ちは高価な自動車を運転する、という信念をもっていたとすると、あなたの思い込みは「この若者はとても金持ちだ」となるかもしれません。でも、あなたの隣を歩いている人が、勤勉に働くことによって高価なものを購入できるお金が提供されるという信念をもっていたとしたら、「この若者はとても勤勉だ」とその人は思い込むかもしれません。もちろん、その若者について言えば、両者とも間違っているかもしれません。

思い込み、つまり物事を当然視してしまうことは、本当のことや何が真実なのかを認識する能力を妨害するために、自分の価値観を貫く際において深刻な障害となります。

クライアントであるグラフィック・アーティストは、本物の仕事をしていないという信念（それは、自分の核となる価値観と一致させることを妨げていたわけですが）を誰もがもっていると思い込んでいました。実は、その信念は両親のものであって、彼女自身のものではありませんでした。同時に、彼女の両親がもっていた信念も、ほかの誰もがもっているという思い込みによるものでした。

どこからその信念が来たのか、そして彼女の思い込みは正しくなかったということを理解することで、彼女は両親の信念と思い込みの両方を手放すことができました。その結果、彼女は自分の核となる価値観に合致した生き方ができるようになりました。

すべての思い込みが、私たちの価値観や信念と関連しているわけではありません。私たちは日

（3）「assume」という単語を三つに分けて「ass」「u→you」「me」という言葉遊びとしてつくられた言い回しです。

常生活の至る所で物事を当然視しています。でも、好奇心をもつことで、それらに気付いたときに思い込みを検証することができますし、そこから学ぶこともできるのです。

私（カーステン）はこれまでの人生においてたくさんの思い込みをしてきましたが、必ずしもそれらから学んできたとは言えません。でも、その思い込みの一つが私をひどい目にあわせたことで、二度と同じ間違いは犯さないということを学んだよい事例があります。

ある日の早朝、当時三歳だった私の息子は、保育園に行く準備をしているはずでした。その日はやることが多くて、私はすでに玄関を出る用意ができていたのですが、ふと見ると、息子はまだズボンをはいていなかったのです。そのことを指摘すると、息子は「昨日のズボンがいい」と言うのです。

「それは汚れているから、きれいなズボンをはいてね」と、私は言いました。

「嫌だ！　僕は昨日のズボンがいい」と声を大きくし、見るからに腹を立てながら彼は言いました。

私は、すべて正しいことができるんだと自らを納得させつつ、冷静に対処しようとして、しゃがんで彼の目をしっかりと見て静かに言いました。

「それは、ちゃんと聞いたわ。あなたは、昨日はいていったズボンがいいのね。でもあなたは、私が言ったことが聞こえてなかったんじゃない。それは汚いのよ。だからきれいなズボンを探して、それをはいて出掛けましょう」

しかし、これは息子が期待していた反応ではありませんでした。怒りで、息子は足を踏み鳴らし、そして私の目をしっかりと見て叫びました。

「嫌だ！　僕は昨日のズボンが欲しい。あれがいいんだ！　あれがいいんだ！」

息子は泣きはじめて、とても腹を立てています。私も怒り出し、イライラし、困ってしまいました。すでに遅刻です。息子は、私の言うことを聞いてくれません。まだ午前八時にもなっていないのに、私はすでに疲れきってしまいました。

この事例は、親として自慢できる場面でなかったことを認めます。早くこのやり取りを終わらせて、できるだけ早く家を出たかったので、きびすを返して息子の汚いズボンをつかみ、彼に押し付けながら、「これでいいでしょう。汚いズボンをはきなさい。はいたら、すぐに出掛けます」と言ったのです。

息子は、鼻水を垂らして泣きながらズボンを取って、そのポケットに手を入れるとオモチャを取り出したのです。それから彼はきれいなズボンをはいて、鼻水をぬぐい、そして言いました。

「レッツゴー！」

私は唖然として、彼を見て言いました。

「あら、あなたは昨日のズボンが欲しかっただけで、それをはきたかったわけじゃないのね。オモチャを取るために欲しかっただけなのね」

恥ずかしさのあまり、私は消えてしまいたい気持ちになりました。息子にとって、最初から自分のズボンが欲しい理由は明確だったのです。私は、彼がそれをはきたいのだと思い込んでいただけなのです。そして、私は自分の欲求に焦点を当てていました。結果的に、好奇心がもてず、彼がなぜそんなに昨日のズボンが欲しいのかを問うこともできませんでした。

息子の目を見て、傷ついていたことが分かったので、すぐに対処しようと思って謝りました。

「二度と同じ過ちを起こさないために何か違うことはできるかな?」と息子に尋ねると、私を見て言いました。

「ママ、僕に尋ねてくれたらいいんだよ」

彼の言うことは正しいです。もし、私が尋ねていたら、典型的な親子喧嘩をすることなく、二人の間にひずみを生むこともなく、私たちはもっと早く家を出られたのです。私は三歳児の息子に教えられました。彼は、好奇心のスキルの効果を理解していたのです。

長年の経験から私たちが学んだことは、何を真実と思い込もうが、そのほとんどが正しくはないということです。時間を割いてその思い込みの検証さえすれば、私たちの考えや、時には信念さえもつくり変えてしまう何かを、私たちはいつでも好奇心をもって学ぶことができるのです。

あなたが思い込みに気付きはじめたら、それがどこにでも存在していることが分かるでしょう。もちろん、ほとんどの会話のなかでも聞くことができます。もし、友人が何気なく「あの夜のパーティーはとてもよかったね」と言ったとしたら、あなたの友人の「とてもよかった」の定義はあなたのそれと同じであることを想定して、人びとが踊ったり、おしゃべりしたり、お酒を飲んだりしているところを頭に浮かべます。でも単純に、「とてもよかったって、どんなところが?」というオープンな質問をすることによって、あなたの想定（思い込み）を検証することができます。

信念や思い込みは、私たちが自分の価値観を貫くうえでの障害を提示することもありますが、それらを再構成したり、検証したりすることで多くのことが学べ、より良い理解にもつながります。

好奇心のスキルを使って、「今、ここ」に集中して傾聴し、どのような聴き方をするか選択し、そして好奇心にあふれたオープンな質問をすることで、ほかの人たちが何を言わんとしているのかが理解できるようになります。そうすることによって、私たちは何事も当然視することなくすべてを明確にし、異なった考えや経験などを受け入れることができるようになるのです。

さて、価値観については十分に検討しましたので、次章では価値観と一致する私たちの望みに関することを明らかにし、それら両方を守るためには限度が必要であることを学びます。

さあ、試してみよう！

❶この章に掲載した**表6**を使って、あなたの価値観を探究してみてください。それがあなたにとってどういう意味をもっているのかを考え、自分の価値観を褒めたたえるために何をしたいかを決めてください。個人、職業人、家族の一員、社会の一員など、生活のすべての側面における価値観を探究し、それらがあなたの人生と合致しているかを見極めてください。

❷自分の価値観を探究する際には、信念や思い込みなど、価値観に対して妨げとなる要因が存在することも意識してください。

信念――あなたの頭の中で何かを言ったあとに「でも……」と補足するときは、信念と衝突している可能性が高いです。もし、この言葉を見つけたら、好奇心のスキルを使ってその信念は何かを明確にし、理解し、自分の核となる価値観を貫く支えになっているのかどうかを検証してください。

思い込み――思い込みを検証することは楽しいです。思い込みは、私たちの価値観や信念を基につくられており、どんな話し合いにも顔を出します。保証つきです。自分の生活で使っている思い込みを検証してみてください。誰かが一般的な発言をしたとき、それを当然のものとして受け入れてしまうのではなく、言わんとしたことがどういう意味だったのかをより良く理解するために、好奇心にあふれたオープンな質問をしてみてください。

再構成――自分の信念や思い込みを探究する過程では、好奇心のスキルを使って再構成したり、異なる視点を通して違った見方をしてみてください。好奇心にあふれたオープンな質問を使って再構成する際は、「私は、これが正しいとどうして分かるのだろうか？　欠如しているのは何だろうか？　これを違った視点で見るにはどうしたらいいのだろうか？」などの質問が効果的となります。

第6章

自分の望みを明らかにし、適切な限度を設ける

ある日、アリスが分かれ道に来ると、
木の上にチェシャー猫がいた。

「どっちへ行けばいいのかしら？」

と、彼女は尋ねた。

チェシャー猫は質問で答えた。

「どこに行きたいんだね？」

「分からないわ」と、アリスは答えた。

「それなら、どうでもかまわないさ」

と猫は言った。


ルイス・キャロル『不思議な国のアリス』およびスティーブン・コヴィー『第８の習慣』第11章より

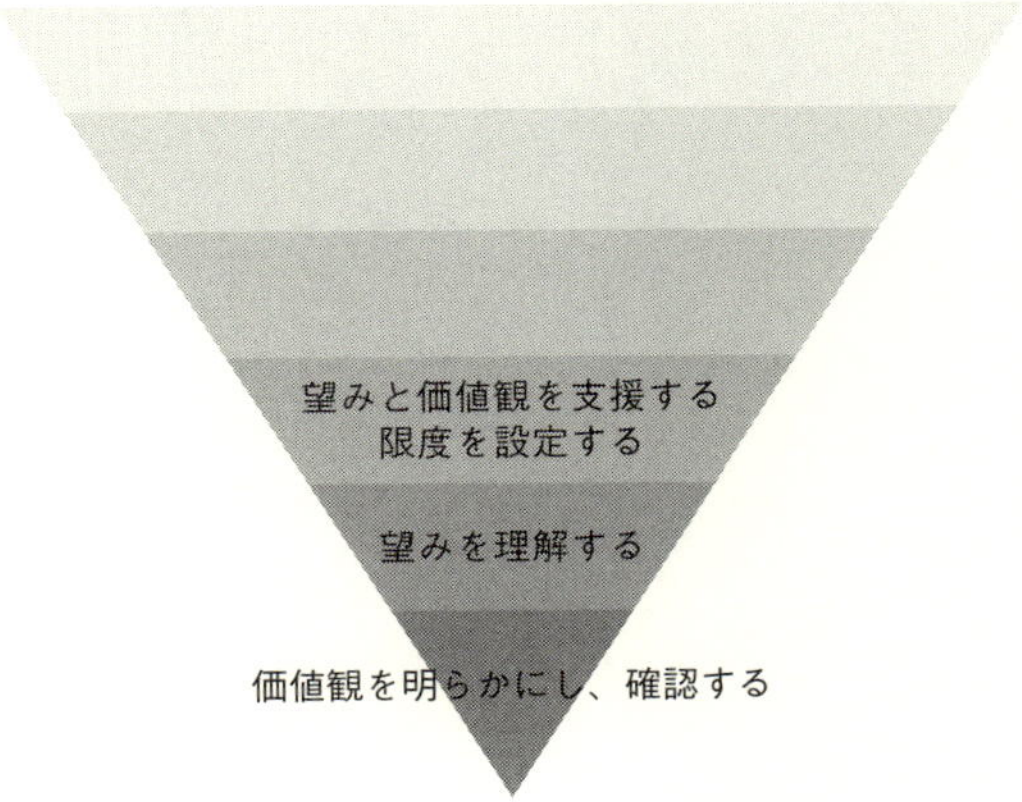
望みと価値観を支援する
限度を設定する
望みを理解する
価値観を明らかにし、確認する

重役であるあなたは、母親で、妻で、ごく最近、素晴らしい昇進の内示を受けたばかりです。一〇代となった三人の子どもたちと夫とよく話し合った末、あなたはこの昇進を受け入れることにしました。あなたの家族は、あなたが毎日長時間働くことになって、一緒に過ごす時間がなくなってしまうのではないかと心配していました。家族との暮らしを大切に思っていたあなたは、平日の五日のうち三日は家でみんなと夕食をともにすることを約束しました。

それから二〜三か月の間、とても優れたレポートが書けるあなたは、副社長からレポートを書き上げるように頼まれて、何日も遅くまで残ってそれらを書き上げました。それが理由で、自分の部署のレポートをますます書かないといけないという状況になってしまいました。

ここ数日、夕飯を家で食べられていないにもかかわらず、あなたは会社に残ってレポートを書き上げる約束をしました。とても仕事が好きなあなたは、すべてがうまくいっているので、家族も理解してくれているだろうと思っていました。

その夜、あなたが夜九時に帰宅すると、家族全員が帰りを待っていました。彼らは不満感を露わにし、家族会議をもつことになりました。自分で提案したとおりにあなたが家族との時間を過ごしていないし、あなたが家族のことよりも仕事を大切にしていることに、夫も子どもたちも腹を立てていました。彼らにとってはあなたが必要なのに、あなたはそこにいないのです。

とても申し訳ない気分になり、このような状況はあなたが望んでいなかったことなので変える必要を感じました。あなたは仕事が好きだし、副社長が認めてくれていることもうれしかったのですが、何よりも大切なのは家族です。あなたは、その家族をがっかりさせたくありません。

あなたは再度、平日の三日は家で夕食をともにすると約束しました。これが、あなた自身が最低限望むことで、家族に対する価値観を満たすためには必要なことだからです。あなたは、家族が問題を正直に話してくれたことに感謝しました。

翌日、副社長があなたの仕事振りを褒めてくれました。そして午後遅く、翌日までに仕上げる必要のあるレポートを依頼するためにあなたの所にやって来ました。それは、当然遅くまで帰れないことを意味します。

家族会議のことを思い出したあなたは、自分が何を欲しているかは明確でした。あなたは、平日の三日は家族と夜を過ごすと約束したのです。したがって、「すでに先約がありますから」と言いながら、丁寧に副社長の依頼を断りました。副社長に「ノー」とは言いづらかったでしょうが、家族に対しては「イエス」と言えたことで、とてもよい気分でした。

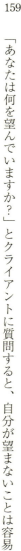

あなたは何を望んでいますか？

「あなたは何を望んでいますか？」とクライアントに質問すると、自分が望まないことは容易に話せるのに、自分が望むことについて明確に述べられる人は意外に少ないものです。自分が何を望んでいるのか分からなくて、それをどうやって得ることができるのでしょうか？　自分が望んでいることに好奇心をもち、その望んでいることと価値観が一致すれば、実現させたいことに焦点を合わせることができます。

クライアントが自分の望むものを明確にでき、そしてそれらを自分の価値観と一致させることができれば、副社長に「ノー」と言い、家族には「イエス」と言うことが容易となります。

すべてがつながりあい、そしてすべてが透けて見えるような社会において、人びとの期待値はこれまで以上に高まっています。すべてのことに対応することなど不可能なのに、なぜ努力をしてしまうのでしょうか？　遅くはじまる会議、追加の仕事、新しいクライアント、ネットワークづくりのための夕食会、締め切りの延長、子どもたちの学校への送迎、週末の誕生パーティー、（子どもの学校の）カップケーキやおやつ係、そしてクラス役員など、挙げたら切がありません。(1)自分が望むことを明確にすることができれば、望むことには「イエス」、望まないことには「ノー」が言えるようになります。

とくに、たくさんの要望や誘い、そしてアイディアなどが常に降りかかってくるなかで、自分が望むことを理解するのは困難でしょう。自分の価値観を振り返りながら、それらを支える関係にある望むことを特定するといった方法をおすすめします。それぞれの望みがどのようなものか、そして、それらを自分の生活のなかにどのようにしてもち込むことができるのかということについて好奇心をもつことで、あなたは自分が望むことを活用しはじめるでしょうし、同時に望まないことは断れるようになるでしょう。しかし時には、より大きな望みを得るために、望まない何かをしなければならないこともあるかもしれません。

たとえば、今あなたは週六〇時間労働を望んでいないかもしれませんし、あなたの価値観もそれを支持しないかもしれません。しかしながら、それだけ長い労働時間を今注ぎ込むことが、（昇進、効率化のために新しい仕事のやり方の導入、新しい顧客の獲得などを含む）将来のより大きな望みを実現させてくれることにつながるかもしれません。

好奇心を使って、あなたの選択肢を探求してください。あなたの望みを発見してください。そして、自分の価値観を貫くために、どのようにしたらあなたの望みを自分の生活に組み込むことができるのかを明確にしてください。

自分の価値観を理解したときと同じように自分の望むことを理解することは、リーダーシップ

（1）「カップケーキ」は、北米で低学年の子どもが誕生日を迎えたときに、その保護者（主に、母親）はクラスの全員にカップケーキを配る習慣があります。また「おやつ係」は、同じように子どもが低学年のとき、週単位で親がおやつ係になって、健康的なおやつを配る役割を果たします。「クラス役員」は、教師と保護者の連絡調整係で、日本のＰＴＡ役員のような役割を果たしています。

を発揮したり、よい関係を築いたり、感情が高ぶるような状況などにおいて、より自己意識がもてるための助けとなります（価値観が感情とどのようにつながっているのかということについては、第7章で扱います）。

あなたが望むことを支える限度

限度を設定することは、自己管理の大切な一部です。
それは、健康的で、正常で、しかも必要です。　ドリーン・ヴァーチュー(2)

私たちの個人的な限度とは、交渉の余地のない規則や、自分自身やほかの人に対してどこまで許されるのかを明らかにした制限のことです。限度は、ほかの人たちとの関係において個人を定義し、そして守ってくれます。限度なしでは、私たちの生活は無秩序な状態となり、収拾もつかなくなってしまいます。ほかの人の問題を自分のものと捉えたり、ほかの人の悪い行いは自分に原因があると考えたり、自分には何の権利もないと思ったりもしてしまいます。すべての人が、こんな状態で生きるのはごめんです！

自分の望みを後押しするためには、限度を設定することが効果的となります。そうすることで、容易に、しかも相手に敬意を払いながら「ノー」と言えるようになります。限度は、自分の価値観に則った生活をできるようにしてくれます。その結果、あなたは自分が地に足をつけており、つながっており、そして自らの本心とも一致しているという感覚がもてます。

限度が本当の自分が現れることを可能にしてくれて、あなたは自分の望みと価値観が一致した状態の生活が可能となります。さらに、限度はあなたの欲求も満たしてくれます。その結果、あなたは周りの人たちの欲求をも満たすことが可能となります。

限度は、あなたの感情のスイッチが押されたと思ったときの助けにもなります。何は容認でき、何はできないのか、そしてどのように進みたいのかを明らかにしてくれます。つまり限度は、あなたの関係を築くための枠組みも提供してくれるのです。限度があることで、単に提供されるものや要求を受け入れるのではなく、自分の価値観と望みをどのように大切にできるのかという選択肢をあなたはもつことになるのです。

私たちは長年にわたって、異なる経歴、経験、年齢、民族など、多様な女性たちと仕事をしてきました。そのなかで共通していたことは、個人的な限度をほとんどもっていないということでした。それは、彼女たちに感情的なもがき、争い、ストレスをもたらしていました。

（2）（Doreen Virtue）作家で、カウンセリング心理学の博士。

女性にとって、自分の限度を設定することが難しい理由はたくさんあります。なかには、限度というものが何かを知らない人もいます。また、自分が限度をもってもいいということすら知らない人もいます。さらに、それをどのように使ったらいいのかを知らない人もいます。でも、多くの人が、自分が何を望んでいるのかについて明らかにしていないのです。ですから、彼女たちはそもそも、どこに限度を設定していいのかが分からないのです。

先の価値観や望みと同じように、あなたがそれを明らかにしていようが、いまいが、限度は存在します。限度を理解しないことや、自分の望みや価値観との関係でその必要性を認識できないことは、あまりにも緩すぎる限度か、きつすぎる限度をもつことにもなってしまいます。

きつすぎる限度は孤立感を生み、人を拒んだり、助けを借りることなく、感情的なことも話さなかったり、その感情を表さなかったりして、信頼関係にも問題があるといった状況を招きます。逆に緩すぎる限度は、感情を出しすぎたり、混乱する体験をしすぎたり、たくさん与えすぎたり、たくさんのことを受け入れたり、絶えず元気づけが必要だったり、「ノー」と言いたいのに「イエス」と言ったり、他人の感情の責任が自分にあると思ったりします（つまり、他人を満足させることに必要以上の努力を払ってしまうのです）。

個人的な限度を設定することはとても難しいです。それをすることで、「自分勝手、後ろめたい、自分の望みを優先することの恥ずかしさ」などを感じてしまうからです。ほとんどの女性が自分の限度を設定しない理由というのは、まさにこれなのです。

でも、限度を設定しないと、「不満、怒り、理解されない、泣き言を言ってばかり、したくないことばかりをしている」という状態をもたらし続けることになります。生きていくうえにおいては、どんな価値観と望みを大切にしたいのかと同じように、個人的なものであるあなたの限度が生活のなかで自分らしく生きることを助けてくれるのです。

ほかの女性たちと同じように、私（カーステン）も限度を設定して実行に移す際には困難に遭遇しました。自分の暮らしのなかで限度が欠けていることについて、友人やクライアントと話し合いをしました。私たちは誰しも、すべてを何とかこなそうと努力しがちです。しばしば私たちは、本当は「ノー」と言うべきときに「イエス」と言ってしまいがちなのです。

私の子どもたちが小さかったとき、朝早くママ友から、「（自分の子どもと一緒に）子どもたちを学校に車で迎えに行く」というメールを受け取りました。子どもたちを公園に連れていって遊ぶ予定なので、午後遅くにそこで落ち合えればいいでしょう、と彼女は提案してくれたのです（私は、それによって少し長く働くことができます）。

それまでに何度も、彼女が仕事で忙しかったときには、自分の子どもたちと一緒に私が彼女の子どもたちを学校に迎えに行き、公園で遊んであげたことがありました。今ようやく、彼女はその恩返しをしたいというわけです。

やるべき仕事がたくさんたまっていたので、私はこの申し出をうれしく思いました。いい友人をもったと感謝したい気持ちでした。このような状況は、みんなが得をすることだとも思いました。私の子どもたちは友達と遊ぶことができるのでハッピーになり、私は数時間余計に働けるのでハッピーになるのです。

私は彼女の提案を受け入れ、何か必要なものはあるか、と彼女に尋ねました。何も必要なものはないという返事でした。時間に余裕ができたので、その日のスケジュールを再編成して、一人のクライアントとのミーティングを追加しました。

子どもたちを学校に迎えに行ってもらうことになっていた三〇分ほど前（クライアントとの約束の五分前）に、このママ友から私は再びメールを受け取りました。仕事が忙しくて、迎えに行けないというのです。職場を出られなくなってしまったので、子どもたちと公園で遊ぶ日は延期とし、私の子どもたちを迎えに行くこともできないというのです。

さらに、彼女の車には私の子どもたちを乗せるための座席がないので、結果的にはこれでよかったともいうのです。したがって、私の子どもたちを迎えに行けないことを、私は感謝するべきだというのです。そして、これらのことをすべて理解してほしい、と。

私は、書いてあったことをしっかりと確認するために三回も読み直したことをよく覚えています。理解する？　どの部分を、私は理解すべきなのでしょうか？　何もためらうことなく、彼女のニーズを満たすために、子どもたちも私も、見捨てられたということを理解すべきでしょうか？　それとも、子どもたちがシートベルトをせずに車に乗らずにすんだことを感謝すべきなのでしょうか？

いろいろ湧いてきた感情によって混乱を来しましたが、私は素早く行動に移りました。まず、そんなことをするのは耐え難いほど嫌なのですが、クライアントとの約束をキャンセルしました。また、遅れることは、子どもたちも、校長も、そして私自身も嫌なのですが、そのあとすぐに学校まで子どもたちを迎えに行くことにしました。

クライアントと子どもたちを大切にできなかったことで、私は非常に怒っていました。ママ友が、私に対しても、子どもたちに対してもまったくの配慮がなかったことにとても傷つきました。その過程で、すべての価値観が踏みにじられたとも感じました。

その夜、この日に起こったことについて振り返ったとき、私がすべきだったことが明らかになりました。翌朝私は、自分に明快な限度を植え付けるためにたくさんの「線」を引きました。何についてはは容認できて、何ができないかはとても明快です。何と言っても、家族のニーズが第一です。それには、時間、安全、そして約束を尊重することも含まれています。

数日後、同じママ友が子どもたちの迎えの時間間際に電話をしてきて、彼女の子どもたちも迎えに行ってほしいというのです。自分は仕事で忙しく、私に子どもたちの面倒を見てほしいというのです。限度を設定する前の私だったら、すぐに「イエス」と答えるところだったと思います。彼女の状況に共感できますし、できるだけ友人の助けにもなりたいと私は思っているからです。

でも、その日の学校帰りには、子どもたちとアイスクリームを一緒に食べることを約束していたのです。彼女の子どもたちの送迎をすることでアイスクリーム店に行く時間を遅らすこともできたでしょうが、私は彼女に対して丁重に「ノー」と言うことに躊躇することはありませんでした。言い訳も、理由も言いませんでした。単純明快に「ノー」だけでした。

私は、子どもたちとの約束を躊躇なく優先したのです。そうしたことで、とてもよい気分になりました。その日の午後、子どもたちとアイスクリームを食べながら、もっと限度を設定すると誓いました。

グループの限度

マネジャー、チームのリーダー、組織のリーダー、そして親として、グループの限度を特定するということは大切なことです。組織や家族の価値観や望みを特定するとき、設定される限度はそれらの価値観や望みを支えることになります。そのなかの個々人は成長さえします。明確な期待は、組織や家族の価値観や望みと自分を一致させるのに役立つのです。

私たちが組織の価値観、望み、限度を明確にすればするほど、私たちはそれに合致した社員を引き付けたり、雇用したりするようになるのです。

いつ、限度を設定するか

❶自分が常に不満を言い続けたり、怒りっぽかったり、利用されていると思ったり、自分のしたくないことをやらされていると思ったりしたときです。

❷本当は「ノー」と言いたいのに、「イエス」と言ってしまっているときです。

どのようにして限度を設定するか

❶好奇心をもって、イライラ、怒り、不満、恨みなどがどこから来ているのかを探究します。このようにあなたが感じるのは、何が起こっているからなのか？　したくないことについて、あなたはどのように対処しているのか？　妥協している価値観は何なのか？　など、達成されていない望みを特定することも大切です。

❷次に、あなたが望む日常のなかで起こってほしいことを明らかにします。それによって、自分が望むもの、受け入れられるもの、そして受け入れられないものを明確にすることができます。

たとえば、あなたが毎晩仕事を家に持ち帰っていることにイライラしており、家では家族との時間を楽しむために仕事は職場に置いてきたいと思っているのなら、その望みを実現するためにどんな限度を設定することができるでしょうか？　家に仕事を持ち帰れるのはどんなときで、持ち帰らないのはどんなときでしょうか？

❸もし「ノー」と言いたいときに「イエス」と言っている自分を見つけたら、好奇心をもって、何が「ノー」の妨げになっているのかを見つけ出してください。「ノー」と言えないことは、あなたの価値観と望みにどのように寄与していますか？　あなたは、いったいどんな負う必要のない責任を取ろうとしているのでしょうか？　そして、あなたはどのような思い込みをもっているのでしょうか？

❹「イエス」と言わざるを得ない理由を見いだせたなら、どんな状況なら「ノー」と言え、どんな状況では言えないのかを明らかにしてください。たとえば、カーステンは、学校が終わったあとに子どもたちをアイスクリーム店に連れていくという約束を大切にしたいと思っていました。一方で、できるだけ友人のことも助けたいとは思っていましたが、もしそれを優先してしまうと子どもたちとの約束が守れないことになります。

それは、彼女の価値観と望みをないがしろにしてしまいます。何は受け入れられて、何は受け入れられないかの明快な限度を設定したことで、容易に「イエス」と言ってしまいそうな場面でも、しっかりと線を引いて、丁重に「ノー」と言えるようになりました。

❺限度を設定することは、プラス思考を可能にしてくれます。明快な限度によって、あなたは自

分を信じることができ、本当の自分であり続けることができます。
❻自分の限度については断定的な態度を貫き、それをほかの人たちに主張することも躊躇しないでください。
❼自分に対しての思いやりを示してください。もし、あなたが「ノー」と言ったことでほかの人が気分を害したとしても、自分に対して優しくしてあげてください。
❽ほかの人にも思いやりを示してください。もし、自分の望みと価値観に関して限度が設定できたなら、あなたは敬意と思いやり、そして心の広さをもって「ノー」と言えることでしょう。
❾自分の限度を活用して、他人との感情的に複雑な状況においても平静を保ってください。自分の限度が明快であれば、あなたは相手から一線を画し続けることが可能となります。

限度を設定することは、解放的であると同時に練習と一貫性が求められます。また、一つの限度での成功体験が、ほかでも取り組んでみようという気にもさせてくれます。本章では、限度が望みをどのように支えるかを見てきました。それが、同じように価値観を支え、私たちが価値観や望みと一致する形で生きることを可能にしてくれます。

次の章では、価値観、望み、限度が、どのように私たちの感情や感情的な反応をより良く理解する助けになるのかについて見ていきます。

さあ、試してみよう！

表8を使って、あなたが何を望んでいるのかを特定し、それがあなたの価値観とどのように一致しているかも確認し、あなたが望んでいることを実現するための助けになる限度を設定しみてください。あなたの望みを明確にすることを、自分の旅の目的地を設定することだと思ってください。

そして、あなたの価値観と限度はその目的地に到着させてくれるカーナビだと思ってください。目的地なしに、そこに到着するための地図を描くことはできません。もし地図がなければ、目的地に到着することはできないのです。

表８　あなたの限度を明確にする

トップ３の望み	望みを支える核となる価値観は何か？	あなたの望みと価値観を支えるために、どのような限度を設定することが可能か？
例：互いを尊重しあった会話をする。	気遣う。	すべてを肯定し、公平であろうとし、他人のうわさ話には参加しない。

第7章

価値観を感情と結び付ける

己（おのれ）の意識を統（す）べよ、
さもなくばお前が意識に囚われる

（武士の格言）

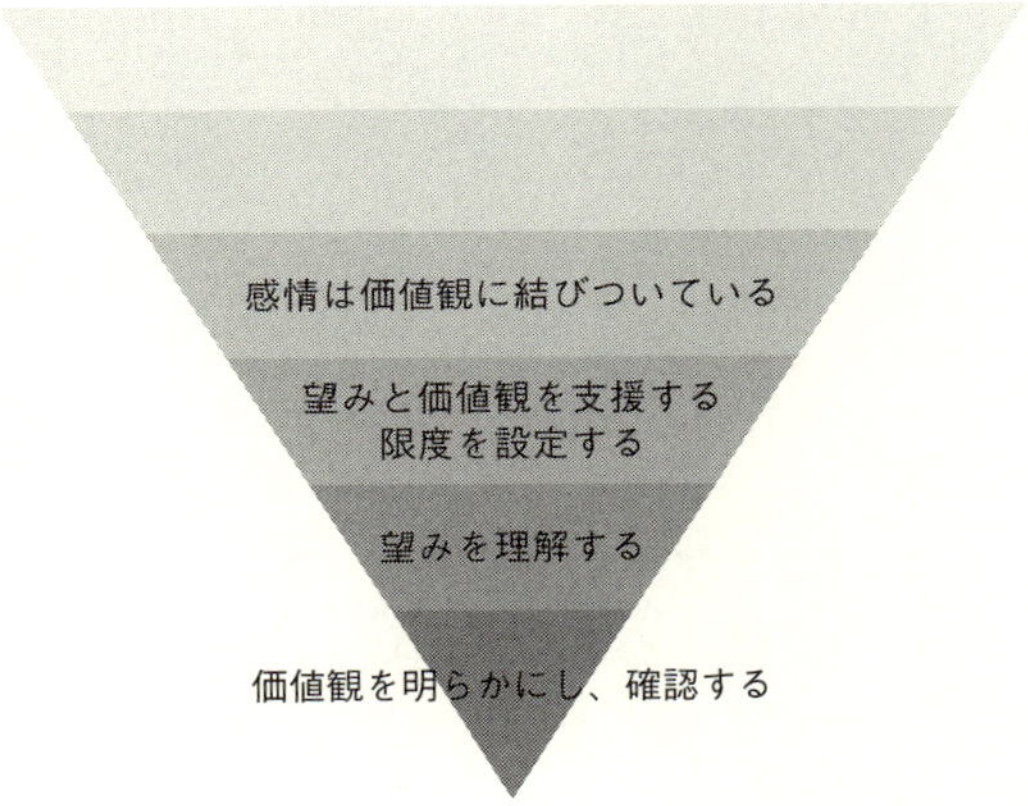
感情は価値観に結びついている
望みと価値観を支援する
限度を設定する
望みを理解する
価値観を明らかにし、確認する

ジェインは、組織のなかで問題解決者という極めて困難な役割を担っているリーダーです。何かがおかしくなり、問題となった状況に対処するというのが彼女の仕事です。ジェインは、私たちのクライアントでもありました。

ある金曜日、彼女は配送部門が抱えた問題を解決しなければならないという難しい課題に追われていました。大量の注文が間違った顧客に送られてしまったのです。本来受け取るべき顧客は、土曜日のイベントに使用するものを金曜日に受け取っている必要がありました。注文の量を考えると、ジェインの会社には顧客が次の日に必要としているだけの在庫はありませんでした。

ジェインは、何とかこの難しい状況にうまく対処できたと思っていたのですが、その日の夜、お気に入りのレストランで夫と夕食をとっていたとき、依然としてその件に関しては立腹をしていました。

時間に遅れた彼女は、まず夫に謝りました。そしてそれから、この件について詳しく話しはじめました。最初の部分、つまり問題についての説明が終わったところで夫が割り込み、問題を解決するにはどうしたらよかったのかについて話しはじめたのです。それは、対処しなければならなかった多くの事柄を無視して、極めて単純な解決法を提示するものでした。夫は、彼女がどのように問題を捉えるべきだったのかということについてまで話しはじめました。その内容は、彼女のアプローチの仕方が間違っていたということを暗にほのめかすものでした。

ジェインは、身体のなかを負の感情のエネルギーが急上昇するのを感じました。彼女は完全にキレてしまったのです。自分が何を言っているのかさえ分からないし、夫が描いた状況は問題を単純化しすぎていたし、夫が示す解決法も、彼女が抱えていた問題には「何の役にも立たない」と夫にはっきりと言ったのです。

ジェインは、怒鳴り散らし続けました。そして、「自分は、すでにどうすべきか考え出したのだ」と夫に言い放ちました。これは彼女の問題であり、それに対して完璧に対処したのです。必要とされた当日の正午前には、製品が顧客にしっかりと届くように解決法を見つけ出していたのです。つまり、彼女は問題を解決していたのです！

その後、彼女はとても落ち込みました。夫は自分がいいと思った解決法を提示して、単純に彼女を助けたかっただけなのに、彼女は配慮に欠け、軽率で、そして後悔するような言葉を夫に浴びせかけてしまったのです。

価値観は感情とどのようにつながっているか

振り返ってみて、ジェインは自分の価値観の一つは「達成すること」であると認識しました。そして、この価値観は、すべての人にとって問題のない解決法を自分が考え出したときに育まれるのです。これは、彼女の生活のすべての側面において言えることです。夫が割り込んで、短絡的な解決法を述べたとき、自分には問題を解決することができず、何も「達成できない」と夫に言われたように聞こえてしまったのです。

ジェインはすでに問題を解決していたので、達成できることは知っていました。夫が彼女のもっとも大切にしている価値観を疑っているように聞こえたとき、すぐに負の感情が自分を覆ってしまい、それに応じた反応をしてしまったのです。もちろん、ジェインは自分が言ったことを後悔し、自分の言葉を取り消したいと思いましたが、それはすでに選択肢にはありませんでした。

私たちは皆、似たような経験をしています。もちろん、私（キャシー）もしています。誰かが私の大切にしている価値観に対して疑ってかかると、身体中に負の感情が充満していくのを感じます。そのような状態では言葉が出ず、考えることもできなくなります。クローズドな状態になってしまうのですが、そのような感じが私は嫌いです。

私は何も言わないかもしれませんが、私が発する非言語メッセージはまったく別のことを発信しています。私の目が、何を言いたいかを如実に語っているということです。私の目は細くなって、ビーズのようにキラキラ輝くそうです。長く放置されると、私の負の感情はそのまま上昇を続け、自分が不快な状態にあることをさらに身体で表現する必要が生じてきます。自分の感情を言葉で表すことができないので、ドアを強く閉めるか、コメントに対して「シーッ」という音を立てるか、目玉をクルクル回すかなどして表現します。

幸いなことに、私の親しい人たちにとっては、このように爆発してしまうというのはほとんど遠い過去のことになりました。そのような状況に陥ったときに、異なる方法で対処する仕方をこれまでに学んできたのです。ですから、あなたにもできます。

ジェインは、どのように対処したのでしょうか？　ジェインはもっと好奇心をもつ必要があることを認識しました。そして、どんな価値観を活用したのか考え、何が起こったのかを確認しました。そうすることで、負の感情が急上昇するのを抑えられる方法を学べると思ったのです。

ジェインは、どんな会話でも穏やかに、そして敬意をもち続けたいと思っています。そのためにも、あとで後悔したり、取り消さないといけなかったりするような言葉は使いたくありませんでした。

ジェインが考え出した方法の一つは、夫と必要なことについて話し合ってみる、ということでした。彼女が職場での不満を発散したかったとき、彼女が夫に望んだことは解決法の話をすることではなく、単に聴いて、支えてもらうことでした。実際にそのことを夫に話すと、このような状況では、彼女のことを理解するために好奇心をもって傾聴し、そして間違いなく彼女のことを支えると約束しました（このような状況は、聴き手が言い換えを使って、話し手のことを支えているいると伝えるチャンスとなります）。

負の感情エネルギーはどうすればいいのか

朝、四五分も待たされたことを夕方になっても怒っていたキャシーのお隣さんを覚えていますか？

自分の部下に裏切られたと感じ、とても苦しんだ結果、その月の販売目標を達成するために顧客への働きかけをすべて自分でやってしまった販売部門のリーダーを覚えていますか？

自分のことを聴いてもらえず、理解してもらえないと感じ、感情的に爆発せざるを得なかったカーステンの息子のことを覚えていますか？

私たちは、自分の価値観のことを意識して理解さえしていれば、価値観のうちの一つを軽んじられたと思ったときでも、反応する際の言動をコントロールすることができます。

個人的な価値観と望みを明確にする時間を確保する必要があるのと同じように、それらが不安定になったときにどのように反応したらいいのかについて学ぶために私たちは時間を確保する必要があります。リーダーの役割を（個人的に、あるいは職業人として）担う際、もし感情のスイッチが繰り返し押されても、それに対処するだけの理解とスキルをもっていないと、失敗することにつながります。

私たちの多くは、感情的にならない（怒鳴ったり、叩いたり、攻撃的になったりしないように、あるいは適切に反応する（言いたいことを抑えたり、微笑んだり、うなずいたり、思い留まったりする）ように教えられますが、なぜ感情のスイッチが押されてしまうのかということについて、好奇心をもって考えることに時間を割く人はどれくらいいるのでしょうか？

そうなのです、私たちの価値観、望み、限度について当てはまることは、感情についても当てはまるのです。つまり、意識しようがしまいが、感情は常に存在するのです。スイッチが押されてしまうと、私たちが感情をコントロールするのではなく、感情が私たちを支配するというどうしようもない状況に陥ってしまうのです。

しかも、負の感情をもったときにそれが私たちを支配すると、悲惨な結果を招くことになります。朗報となるのは、個人的な価値観を明確にすることさえできれば、生活のあらゆる側面において感情的な反応をコントロールする助けになるということです。

自分特有の価値観をはっきりさせ、それらに納得していると、あなたは負の感情エネルギーが急上昇する際に価値観を結び付けることができ、何が感情のスイッチを押すのかをより理解することができます。当然、あなたは落ち着いた状態を保つことができ、自分自身をコントロールしていると思い、怒りや非難などの感情に支配されることなしに普通の会話に留まることができます。筆者である私たちは、これを自分たちでやれるようになりました。また、数え切れないほどのクライアントを助けたという経験から断言することもできます。

私たちは、冷静であり続け、自分が感情をコントロールしており、そして他者の視点を理解しようとする落ち着いた状態を見いだすことができるのです（次章では、これまでに培ってきた自己認識の方法と、落ち着くための特別な方法を使って、この落ち着いた状態の見いだし方を紹介していきます）。

あなたは選択肢をもっている

長年の経験から、人によっては自分の感情をコントロールすることについて学ぶことに関心のない人がいることを私たちは発見しました。その人たちは、感情を爆発させることが好きで、熱弁を振るい、他者を非難します。そうすることで、ある程度気分がよくなったり、元気になったりします（しかし、周りはたまったものではありません！）。人間関係への影響について尋ねてみたところ、彼らからは「まったく気にしていない」という返事が返ってきました。どうやら、爆発には価値があるようです。

あなたのアプローチがたとえどんなものであれ、あなたには常に選択肢があることを知っておく必要があります。いつ爆発し、爆発してしまうことで人間関係を破壊してしまうことは価値がない、ということをあなたは判断できるのです。あなたに関係するものの多くを破壊してしまうこともできますし、好奇心をもって、落ち着きを保ち、会話のなかでつながりを続けることもできるのです。

どのような選択をするのかは、あなた次第です。もし、爆発や破壊がたびたび起こっているようなら、自分に対してもっと好奇心をもつことをおすすめします。爆発するアプローチを使うように仕向けているのは何でしょうか？　あなたは何を得て、何を失っているのでしょうか？

感情と人間関係

私たちはみんな、突然、相手が感情を爆発してしまったという会話を経験したことがあると思います。その結果、自分が傷つくだけでなく、相手との関係も傷つきます。しかし、価値観と感情を結び付けさえすれば、どんな状況でも私たちをつなげてくれるのです。

翌日にダンスパーティーが開催される前夜、マットは友人たちと夜に出掛けることをとても楽しみしています。マットはもうすぐ高校三年生になります。そのパーティーに招待されている人の多くはすでに高校を卒業しているので、マットは自分を誘ってくれたことにとても興奮しています。家に帰ったとき、マットは母親にそのパーティーのことについて話しました。

すべての母親がそうするように、彼女は質問をはじめました。マットは、母親が冷静だと思いました。母親は、マットがそのパーティーに行きたい想いを理解しましたし、質問に対する答えも正直なものだと思いました。しかしマットは、母親が自分の答えを聞いて、徐々にためらいはじめたことを感じ取りました。かなり年上の子どもたちも来ることを知り、母親はそれが気に入らなかったのです。母親は「行ってもいい」と言ってくれましたが、「帰宅があまり遅くならないことを約束する必要がある」とも言いました。

いら立って、「パーティーは遅くなるまではじまらない」と言いながら、マットは母親に、「来年度は最終学年になるので、遅くまで出掛けてもいいはずだ」と主張しました。彼は、「遅くまでパーティーにいる必要がある」とまで言ったのです。

それに対して母親は、「それは許可できません。もし行きたければ、午後一一時までに帰宅する約束をしなければダメです」と、きっぱりと言いました。マットは少しもひるむことなく、「あなたは僕の監督者じゃない」と叫んで、ドアを強く閉めて出ていってしまいました。

マットは怒っており、いら立っており、傷ついています。マットは自分に言い聞かせます。

「どうして母さんは自分にこんなことができるのか？　ダンスパーティーが行われ、みんながそこに来る。自分も来年度は最上級生になるというのに、まだ母さんは自分を赤ちゃんのように扱う。母さんには正直に話した。パーティーが開かれる前に伝えたのに、母さんは僕のことを信用できないと思っている」

その間、母親は台所に座ったままで、今何が起こったのかについて頭の中で振り返っています。彼女には一〇代になる二人の子どもがおり、家族はとてもいい関係にあると思っていました。彼女にとって、家族こそが何よりも大切であり、もっとも価値を置いているものなのです。マットにとってそれが大切なことは分かっているので、彼女は彼にパーティーには行ってほしいと思っていますが、年上の子どもたちも来るので、遅くなってからマットが経験したことのないようなことが起こるかもしれないと心配しているのです。

母親として、彼が安全であることを望むのは彼女の役割です。マットは、まだその種のパーティーがどんなものであるかを知りません。それに、彼女も傷ついているのです。そして、次のようなことを考えています。

（彼は、どうして私に怒鳴るようなことをしたのか？　私は彼の母親で、彼を守ってあげようとしているだけなのに。家族こそが私にとってはすべてなのに、彼の私への接し方は何なの！）

母親は、このときの経験でひどいショックを受けました。彼女は、息子ととてもよい関係を築いていると信じていたのです。でも、息子とのやり取りのあとは、このような考えについて疑問を抱くようになりました。

彼女の見るところでは、マットは家族を大切にする価値観を共有しているとは思えなかったのです。もし共有できていたら、息子は母親に対してあんな接し方をするはずがないからです。彼女は引きこもり、さらに静かになり、マットはドアを叩くように閉めて家の外に出ていきました。母親は、今の状況をどうしたら修復できるのか、そして、どうしたら息子が結束の強い家族の一員に戻れるのかを考えています。

自らの感情のスイッチを理解する

すでに紹介したように、この母親がもっとも大切にしている価値観は家族です。知人たちが、彼女の子どもたちのことや彼女の夫のこと、あるいは最近は健康がすぐれない彼女の両親について尋ねられたときに体験する温かい感じと、穏やかで「今、ここ」に集中する感覚(1)と感謝の気持ちが彼女は好きです。自分がもっている家族の価値観が尊重されたと思えるからです。

ほかの人があなたの核となる価値観の一つを認めたり、支持したりしたときのことを考えてみてください。あなたは、どんな気持ちがしましたか？　今度はその同じ価値観について、誰かがそれを無視したり、見下したりするようなことを言ったりしたときのことを考えてみてください。あなたは、どんな気持ちがしますか？

マットが母親に対して「あなたは僕の監督者じゃない」と叫んだとき、母親がどれだけ動転したかを私たちは見ました。彼女は、自分の家族に対する価値観を無視されたと感じたのです。

同じようにマットも、母親が自分の価値観を無視したときに動転しました。違うのは、母親は自分の「家族」への価値観を意識していたことです。マットは「友人」「自立」「信頼」といった価値観が自分にとっては大切なことだと分かっていましたが、それらが無視されたとき、価値観が直接感情につながっていることは理解していませんでした。

自らの価値観が感情とつながっていることさえ理解できれば、感情のスイッチが押されたときにそれをコントロールしやすくなります。自分の価値観を理解するということは、そのような状況においては、自らをサポートするための限度を設定する際に役立ちます。そうすることで私たちは感情をコントロールすることができ、あとで後悔するようなことを言ったり、したりしなくて済むのです。

私たちのなかに「私」が含まれなくなった社会——他人の価値観に敬意を示す

個人的な価値観が何で、それがどのように感情をコントロールするために役立つのかを理解することは大切です。同時に、他人がその人の感情に影響を及ぼすであろう自分とは異なる価値観をもっていることを認識する必要もあります。それらの価値観に、私たちは共感できないか、意

(1)　つまり、私たちが信じているものとつながっているという感覚をもっているときの状態です。

味を感じられないかもしれませんが、それらが相手の感情を支えるかぎりは、私たちはオープンで、好奇心をもって、そして常に敬意を示す必要があるのです。

二人の人が、まったく同じ価値観を共有することはめったにありません。たとえ共有したとしても、それらの価値観の解釈の仕方が多分違うでしょう。そんななかで、自分が大切にしている価値観と同じものを他人がもったり、理解したりすることを期待することは、誰しもが望まない感情的な摩擦を生み出すだけです。

母親とマットは双方とも異なる価値観を有し、そしてそれらを無視されたと思い、感情のスイッチが入ってしまいました。それがゆえに双方が動転してしまい、関係も壊れそうな危機を招きました。他人の価値観をオープンに考えることができず、自分の価値観のみに焦点を合わせていると、自分の価値観は盲点として機能してしまい、他人のことを一切考えることなく、自分のニーズと望みだけに焦点を当てて関係を破壊してしまいます。

母親が、マットとのやり取りのあった翌日の午後に私たちにコンタクトを取ってきたとき、彼女はまだ感情的なストレスと緊張感をもっていました。彼女は、この時点ではマットとは会っておらず、話をしていませんでした。

母親は、最初はリーダーとして好奇心をもちたくて私たちの所に来ました。一緒にやり取りをするなかで、彼女は好奇心の価値とそれが難しい会話をするときに果たす役割について学びました。自分がマットとの状況をどのように処理したらいいかがはっきりと分からなかったとき、母親は落ち着くための違った方法を模索しはじめ、自分がリラックスできる場所を想像すればよいことを発見しました。それは、穏やかで、「今、ここ」に集中でき、自己認識にアクセスできるという条件を必要としました。

母親は、自分に何が起こっているのかを理解したいと思いました。また彼女は、自分の家族に何が起こっているのかを知る必要もありました。もちろん、マットと話す必要があることも知っていました。落ち着ける場所にアクセスする必要があると考え、話をする前にどのように話を進めたらいいかを考えたかったのです（次章で、落ち着く方法へのアクセスの仕方を紹介します）。

母親は話し合う前に、自己認識にアクセスするために落ち着く方法を使い、マットがなぜパーティーに参加し、帰りが遅くなってもいいという理由を理解するために、息子に対して好奇心をもちたいと思いました。息子よりも年齢が上の子どもたちが多く参加するパーティーについて、息子の理解と経験を、好奇心をもって母親は知りたいと思ったのです。

また母親は、そのようなパーティーに対して自分がもっている思い込みをチェックする必要があると感じました。彼女は、自らが一〇代であった当時の経験を息子の経験に置き換えています。そして、もっとも気がかりになっていること、つまり息子が彼女に言った「あなたは僕の監督者じゃない」という言葉について好奇心をもって知りたいとも思っています。

母親には、一〇代という難しい時期を歩み続けていくなかで、息子が爆発した背景にあったものは何かと、どうすれば両者が納得のいく方法を話し合えるのかについて理解する必要があったわけです。

マットがその日の午後遅くに帰宅したとき、彼のことをより良く理解したいから、少し話をさせて欲しいと母親は息子に言いました。緊張し、感情的にもなっていましたが、彼女はこの会話の結果に懸けていたので、できるだけ落ち着いて好奇心をもち続け、オープンな質問をすることと、彼の反応に対して「選択肢5」で聴くことを決めていました。もちろん、彼女が望んでいた結果は、息子とのつながりを維持するというものでした。

彼女は、意図的に焦点を合わせることにしました。彼女は自分の思い込みをチェックし、心配事を共有し、そして一〇代であることの難しさにも共感を示しました。自分の心の奥底にあるものを掘り下げていくに従って、彼女はマットが言ったことについて興味をもちはじめました。それが、彼女がもつ家族の価値観にどのように影響を与え、彼女にどんな気持ちをもたせたのかということについてです。

彼女は、今二人がいる状況にどうして至ってしまったのか、そしてこれから二人の関係をどのようにして前に進めることができるのかを理解したいと思っています。

その結果、母親が学んだことは、マットよりも年上の子どもたちとのパーティーに対して、自分がもっていた思い込みはまったく間違っていたということでした。このパーティーは、ドラッグやアルコールが禁止されたダンスパーティーだったのです。息子はすでにドラッグやアルコールで手がつけられなくなった同年代の子どもたちをたくさん見ていましたし、彼自身がそんな状態になりたいとも思っていないことを彼女は知りました。

また、マットがダンス好きだということも知りました。彼はただ友人たちとダンスをして、楽しい時間を過ごしたかっただけなのです。さらに母親は、自立したいというマットの欲求についても知ることができました。彼にとっては、前日にちゃんと母親に説明するということが、成長と責任感を表していることだったのです。

一方マットは、母親が自分のことを責任がとれる者とは思っておらず、そのような場で起こるかもしれない特有の危険なことを察知することができないと思われたことを感じたために失望してしまったわけです。

母親は、わずか一〇分の間に、一〇代の息子のことについて、そして二人の関係についてたくさんのことを学びました。そうしたら、とても素晴らしいことが起きたのです。母親が自分の言うことを聴いてくれ、そして自分の考えも理解しようとしてくれたことに対して、マットが感謝をしたのです。

この二人を荒れ狂う大海に陥れたのは、「あなたは僕の監督者じゃない」という言葉でした。

母親はマットを外出禁止にすることもできましたし、「パーティーには行ってはダメ」と言うことも、あるいは自分に対する口の利き方に怒りを表すこともできました。しかし、彼女はそうしませんでした。母親は異なる方法で反応することを選択したのです。つまり、好奇心をもって反応する方法を。それによって、新しい結果と二人の関係の可能性が得られたのです。

自分の価値観にはほかの人から敬意をもって接してほしいのと同じように、ほかの人の価値観に対しても敬意をもって接することが大切です。もちろん、それらを必ずしも受け入れる必要はありませんが、敬意を示す必要はあります。私たちは、互いがもっている価値観と、なぜそれらを有しているのかということについてより良く理解するために好奇心のスキルを使うことができるのです。また、自分たちの価値観を支える限度を設定することで、相手に対して自分が弱い立場にあると思わなくても済むのです。

好奇心は、あなたと他者のより深い理解をもたらすだけでなく、感情的な対立を回避させてくれる際の助けとなります。

自分の価値観に敬意を示してもらえず、認識もしてもらえないとき、あなたの感情にスイッチが入ってしまうことを理解していただけたと思います。そして、自分自身を支えるために限度も設定できました。次章では、自分の感情にスイッチが入ってしまったと思ったときに、自らを落ち着いた状態に置き、好奇心のスキルにアクセスすることができる方法を紹介していきます。

さあ、試してみよう!

前章の最後にあなたが書き込んだ表に加えて、二つの項目を加えたものを次ページの**表9**に書き込んでみてください。それは、「価値観や望みに敬意を示してもらえなかったときに何が起こるか?」と「どのような感情的な反応が起こるか?」です。

もし、特定の発言や出来事があなたの感情のスイッチを入れており、しかも自分の核となる価値観や限度との関連を見いだせないでいるのなら、その根底にある価値観が何かを探求してみてください。仮にそれが何かを特定することができたら、あなたの価値観のリストに加え、限度を設けてみてください。

あなたにとって大切なすべての価値観を挙げ、そして自分に機能する形でそれらを意義づけるためには、さらなる探究が必要となるかもしれません。

表9　あなたの感情のスイッチを理解する

トップ3の望み	望みを支える核となる価値観は何か？	価値観や望みに敬意を示してもらえなかったときに何が起こるか？	あなたは、どのように反応するか？どのような感情が湧き上がってくるか？	あなたの望みと価値観を支えるために、どのような限度を設定することが可能か？
例：互いを尊重しあった会話をする。	気遣う。	自分も相手も気遣うことができなくなる。	傷つく。 失望する。 マイナス思考になる。 閉じこもる。	すべてを肯定し、公平であろうとし、他人のうわさ話には参加しない。

第8章 落ち着く方法をいつでも利用できるようにする

落ち着いてさえいれば、
あらゆる問題は解決できる。

シェヌーダ3世*

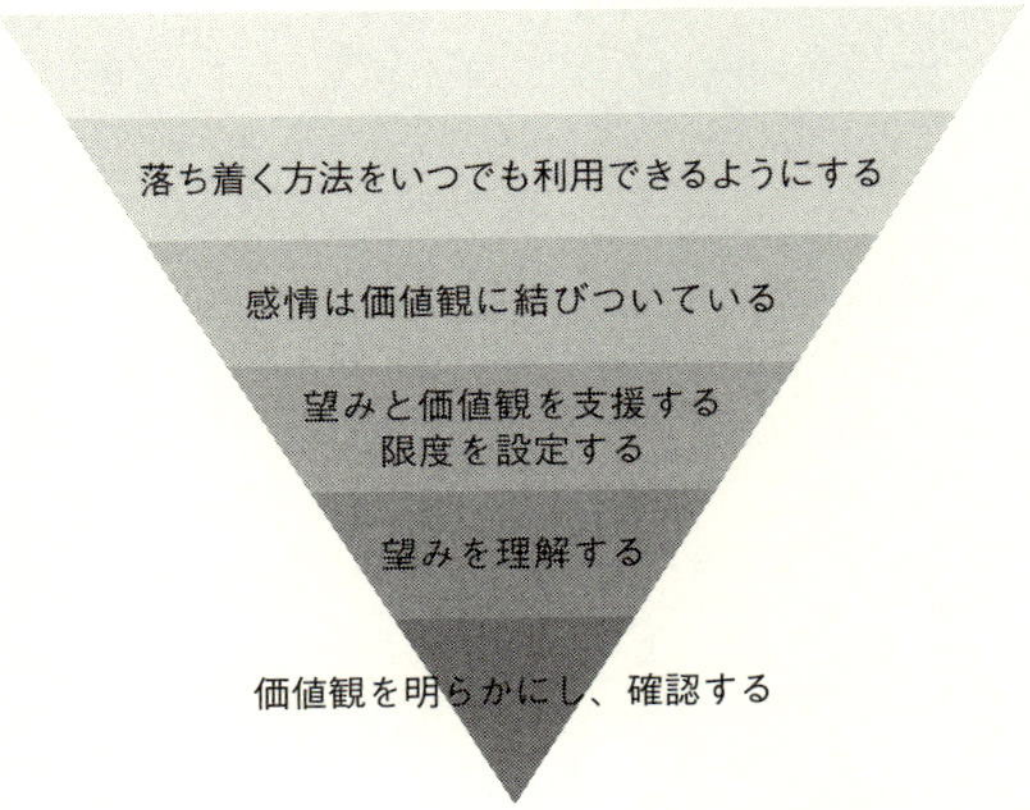
落ち着く方法をいつでも利用できるようにする
感情は価値観に結びついている
望みと価値観を支援する
限度を設定する
望みを理解する
価値観を明らかにし、確認する

＊　(英語・Pope Shenouda III, 1923〜2012) エジプト生まれで、第117代コプト正教会教皇。コプト教皇として、アレクサンドリア教皇並びに聖マルコ大主教管区総主教を務めました。

話し合いのなかで誰かに異論を唱えたり、誰かが私たちに反対意見を述べたりしたとき、感情的な温度が上昇してしまい、あっという間に対立関係になることがあります。誰かが負の感情エネルギーを急上昇させるのに気付いたといった経験、あなたにはありませんか？

研究により、感情のエネルギーは話し手と聴き手との間で伝染することが分かっています。ですから、誰かが近くで興奮したとき、その人が発している負の感情エネルギーは私たちに伝わり、同じような気持ちを味わいはじめることになります。その結果、両者が負の感情エネルギーで満たされてしまうのです。

感情が煮えたぎると、まともに頭が働かなくなり、よい選択もできなくなり、他者とのつながりがとれなくなり、合理的に考えられなくなり、現実的な判断もできなくなることを、すべての人が知っています。心拍数が加速し、血圧は上がり、筋肉は緊張し、ストレスのレベルも急上昇します。そして、「闘争」か「逃走」かを迫られるといった状況に至ります。

それは楽しいことではなく、健康的でもありません。たとえ他人の負の感情エネルギーが伝染してくるような状況でも、私たちは自分の考えと感情をコントロールする方法を学ぶことができます。そんな状態に至らしめた問題に縛られることなく、好奇心のスキルを使って、そのような状況でも可能性を見いだすことで私たちは前に進むことができるのです。

神経科学の分野での発見は、好奇心が気分をよくするドーパミンとオキシトシンをつくり出すことを示しています。しかしながら、打ちのめされ、合理性に欠け、はっきりと考えることができず、いずれは沈黙するか爆発してしまい、あとで後悔するようなことを言ってしまうような状態にあるとき、どのようにして好奇心を利用すればいいのでしょうか？　また、自分がつくり出す結果を気にかけることができないような状況のとき、どのように好奇心を利用することができるのでしょうか？

自己認識——感情をコントロールする鍵

筆者である私たちは、自己認識を、自らの価値観、望み、限度、感情を理解することと定義しています。自己認識をもつことを、相手とのやり取りを自動車の中で起こっていることと仮定すると、自分ないしほかの誰かの負の感情エネルギーが急上昇することでコントロールを失いそうになったとき、自分を運転席に座らせることを意味します。

この自動車のたとえを延長して考えると、運転席でしっかりと自己認識をコントロールすることで、やり取りの過程で起こる思考や感情が自分たちをどこに連れていってくれるのかを見ることもできます。ちなみに、思考と感情は私たちの行動に影響を与える重要な要素でもあります。

私たちの体験とクライアントからのフィードバックによって、感情に左右されない「普通の状態」ではいかに感じるのかと、負の感情エネルギーによって圧倒されているときにはいかに感じるのかを知っていると、一方から他方に変わることに関して容易に気付けることを学びました。

負の感情エネルギーをどのように感じるのかを知るに従って、私たちはそれに注意を向けられるようになるほか、落ち着ける場所を意識的に利用できるようになり、何が起こったのかについて好奇心をもち（すなわち、どの価値観のスイッチが入ったのかが分かり）、そして「好奇心のスキル」を使ってオープンな質問ができるようになります。

好奇心にあふれたオープンな最初の質問をしたあとで、私たちは負の感情エネルギーが低下することを感じます。さらに二番目の質問のあとでは、ほとんどの場合よい気分と入れ替わることになり、負の感情エネルギーは消えてなくなります。主に自分とのかかわりが長い人たちとの間では以前のパターンに戻ってしまうことがたまにありますが、これを実際に行い続ければ、時間の経過に従ってより容易になります。

完全に自己認識をし、価値観や限度を超えたことを理解していたとしても、私たちは負の感情エネルギーを上昇させてしまうかもしれません。普段から、「どうするか」ではなく「どうあるか」を習慣とした落ち着く方法を実践しておれば、落ち着きと静けさを経験する機会が頻繁に与えられるようになり、状況が加熱したときも落ち着きの状態に近づきやすくなり、「好奇心のスキル」も使いやすくなります。

自分であること――落ち着くための七つの方法

落ち着くための方法はいろいろありますが、大切なことは、自分にとってもっとも頻繁に使える方法を一つ（ないし二つ）見つけることです。そうすることで落ち着くことが自然な状態になり、困難な状況に遭遇したときもそれが使いやすくなります。

落ち着いた状態が、あなたに自分であること、焦点を絞ること、そして好奇心をもち続けることなどを可能にします。人気があり、クライアントらが落ち着いた状態を達成する助けとなり、その結果、好奇心をもてるようになった七つの方法を紹介していきます。とはいえ、その方法を決めるのは極めて個人的な選択となります。ある人にとっては役立つものが別の人には役立たない場合もあります。もし、ここで紹介した方法があなたを落ち着かせることなく、地に足をつかせるものでないなら、時間をかけて好奇心をもち、振り返ってみることをおすすめします。

あなたは、いつ落ち着いた気持ちになりますか？　それは、どこですか？　その気持ちを味わうために何をしていますか？　誰と一緒のときですか？　どんな気分がしますか？

特定の行動を伴わずに、このような気持ちに近づく練習をすることで、あなたは必要とされるときに落ち着いた状態を保つことができるようになるでしょう。

①瞑想

瞑想は、心を静かにし、落ち着かせるために古代から実践されている方法です。インドではじまった瞑想が北米で盛んに行われるようになったのは一九六〇年代のことで、それ以来、多くの人びとによって実践されています。たくさんの瞑想法があり、方法によっては健康的な意味において効用のあるものもあります。

効用——瞑想は何世紀にもわたって行われていますが、多くの研究者たちがその健康効果を認めるようになり、近年はかなりの注目も集めています。瞑想は、本質的な自分とつながる過程と捉えられています。瞑想を通して、あなたは反応することが減り、より調和するようになります。また瞑想は、生きることをあなたがどう見るか、つまりあなたの視点次第であるという理解を支えてくれます。それは、あなたが考えることではないということです。あなたは自分の考えを目の当たりにしますが、思考があなたを決定づけるわけではありません。

瞑想は、好奇心を使って理解するスペースを提供してくれるので、感情的なストレスが高まっているときにとても役立ちますし、効果的なものです。瞑想の効用としては、集中力が増し、記憶力が向上し、心の安らぎが増し、自己受容が向上し、自信が増し、寝起きが楽になり、対人関係もよくなって混乱や対立が減る、といったことなどが挙げられます。

瞑想は、普通では考えもしないようなことを発見する機会が得られ、振り返ったり、学んだり、好奇心をもてる心のスペースを提供してくれます。ほんの短い間であっても、「すること」ではなく「自分であること」を認識し、自分がしたいことは何なのかを明確にすることを助けるという、地に足がついた状態や落ち着いた状態を提供してくれます。

難しさ——瞑想は、すること自体が難しいと思われがちです。とくに、おとなしく座っていることが嫌いな場合です。多くの人は、足を組んで座り、長い間その苦しい姿勢で座り続けることをイメージします。

あなたは、瞑想には一〇〇種類以上の異なるやり方があることを知っていますか？　歩きながら、料理をしながら、自転車に乗りながらなど、多様な方法があります(1)。どういう形で瞑想をするのかが重要ではなく、心の静けさにどのようにして近づけるかが大切なのです。ぜひ、試してみてください。

②深呼吸

瞑想と同じように長い間実践されており、落ち着きと静けさを見つける方法として深呼吸は採

（1）たとえば、「瞑想」と「歩行」や「料理」などのキーワードで検索するだけでも、いろいろな情報が入手できますし、瞑想に関する本もたくさん出てきます。

用されてきました。名称のとおり、意図的に息を深く吸ったり吐いたりすることで、その間、自分の呼吸に集中することになります。

効用――数回深呼吸をすれば誰でも落ち着きを取り戻すことができますから、クライアントの間ではもっとも人気のある方法となっています。深呼吸はいつでも容易にできますし、ほかの人がそれに気付くこともありません。その効用は、緊張感から開放され、物事が明確化し、毒を吐き出し、感情的なストレスから逃れられて姿勢がよくなり、エネルギーを高めるほか気分を高揚させたりします。

陸上選手は、レースのはじまる前の準備の一つとして、スタート地点でよく深呼吸をしています。そうすることで落ち着いた気持ちになれ、心とつながりながらも今からしようとしていることと、レースに勝つための戦略に集中することができるのです。

私たちの経験では、負の感情エネルギーが上昇していないときに、この方法を練習しておくことが大切だと言えます。そうすることでこの方法に慣れ、困難を感じ、この方法を使う必要があるときにはすぐに使うことができるからです。

難しさ――深呼吸を使うという難しさは、これまでに感じたことがありません。

③ヴィジュアライゼーション（Visualization・頭の中で想い描く）

瞑想の一種と捉えられるヴィジュアライゼーションとは、実現したいと思っている何かを頭の中で描き出す過程のことです。人は、（浜辺、自然の中、山など）自分のお気に入りの場所にいることを、あらゆる感覚を動員して詳しく描き出してイメージするといったことが大好きです。なかには、落ち着いてリラックスしている自分をイメージすることが好きな人もいます。

効用――頻繁に練習することですぐにヴィジュアライゼーションができるようになり、落ち着いた気持ちと、時には喜びすら容易に得られる状況に入れます。ヴィジュアライゼーションの効用は、集中力やリラックス度が増し、血圧が下がり、物事が明確化され、創造的なインスピレーションが高まって自信が増すほか、落ち着いた気持ちが増して知性と感情のつながりが高まっていきます。

難しさ――会話やインタビューや会議をする準備としてこの方法を使い、やり取りの成り行きをイメージしたにもかかわらずその通りに進まなかったとき、この方法が難しいと思う人もいます。結果的に自分が望んだようには進まないので、より多くのストレスを経験することになるかもしれません。したがって、この方法を行うときはオープンな姿勢を保つことが大切です。

この方法を使う目的は、感情をコントロールし、「好奇心のスキル」を使えるようにするために、あなたを静かな所に導き、自分自身と接触できるようにすることです。もし、会議や会話の準備に使いたいなら、あなたが望む成果をハッキリさせるためだけに使い、それを達成するための具体的な細かな点では利用しないことです。そして、地に足をつかせて会議や会話に臨み、望む成果に焦点を当てて、完全にオープンな姿勢をとって「好奇心のスキル」を利用する準備を整えてください。

地に足をつかせていること、焦点を当てていること、オープンであること、好奇心をもっていることが、あなたの望んだ成果を達成する助けとなります。

④独りになる

日々の生活が忙しいために対応しきれないようなときがあるでしょう。会議から会議へと移動したり、あなたへの期待や要求にこたえようとしているだけと思えるときに、独りになるという一時《いっとき》を設ければ、簡単に忙しいスケジュールのなかで落ち着きを取り戻すことができます。

何人かのクライアントが声をそろえて教えてくれた方法は、トイレ休憩でした。便座のあるトイレは全部個室になっていますから、落ち着くことに必要な孤独な空間を提供してくれます。ほかには、職場の建物の中に、ほんの数分間でも隠れる場所を見つけている人や、コーヒーブレイクをとることで自分であることを取り戻している人もいました。独りになることで、地に足をつかせ、落ち着いた気持ちにさせてくれるのです。

効用――独りになることは、自分を再起動させたり、リラックスしたりする際に役立ち、振り返ったり、自分を取り戻すための時間を提供してくれます。また、そのあとの集中力や生産性が高まります。

難しさ――これを使う難しさは、これまでいっさい感じたことがありません。

⑤鼻歌を歌う

鼻歌を歌うことは、音楽療法として心を落ち着かせるために効果的な方法とされています。頭の中を静かな鼻歌の振動で満たすことは、瞬間的な落ち着きとこのうえない喜びを感じさせてくれます。多くの人が、「落ち着きを取り戻せることで、好奇心を活用することと前進することを可能にしてくれる」と言っています。

効用――鼻歌を歌うことで落ち着いて地に足がついた状態になるので、思考の明確化が図られ、顔や肩などがリラックスしてストレスが和らぎます。また、ゆったりとした呼吸をすることで神経が落ち着いて血圧が下がり、笑顔もつくってくれます。

難しさ――鼻歌を歌うことでほかの人の気が散り、気後れしたり、人目が気になることがあります。よってこの方法は、落ち着くための助けにはなりません。もし、この方法に興味があるなら、独りになる方法と組み合わせて、静かな場所で鼻歌を歌うことをおすすめします。

⑥肯定的な心のつぶやき

あなたのコップには、水が半分しか入っていませんか？　それとも半分も入っていますか？　人によっては、自分自身がチアリーダーになって、自らを励ますことを見事にやってしまうという人がいます。もし、あなたがこのタイプの人なら、肯定的な心のつぶやきは、自分であること、落ち着きや楽観的であることなどをもたらしてくれます。

　そのような状態では、本当のあなたとつながることができ、その信念に新しい可能性をもたらしてくれることでしょう。

　自分自身と人生に対する自分の見方に肯定的であり続けることは幸せであり、充実した健康的な生活をもたらしてくれます。思考が行為を生み、それが結果をつくり出すということを思い出してください。

効用――肯定的な心のつぶやきをすることは、自信を高め、感情を落ち着かせ、（異なる行為とそれがつくり出すパワフルな結果のもととなる）新しい考えを生み出します。また、肯定的な心のつぶやきは、新しい可能性に対して心がオープンになり、積極的な姿勢を維持し（人や状況を肯定的に捉える）、楽観性を高める機会を増やすほか、自己受容も高めます。

難しさ――否定的な心のつぶやきをしてしまう傾向があるなら、この方法を使うことは難しいでしょう。否定的な心のつぶやきは、あなたの思考に悪影響を与え、それが行為を形づくり、新しい可能性や成果を生み出す妨げとなります。また、否定的な心のつぶやきは、破壊的で人に対しては手厳しく、健康や幸せも妨害します。

否定的な心のつぶやきに効用はありません。もし、否定的な心のつぶやきを手放すことができないようなら、それがどこから来るのか、そして自分がなぜそれを行い続けるのかということについて理解するための好奇心をもってください。そのうえで、肯定的な心のつぶやき以外の方法を試してみることをおすすめします。

⑦休憩をとる

もし、あなたが落ち着くための方法を何も使っておらず、負の感情エネルギーを取り除くために何かを使う必要があるときの一番よい方法は、頭を冷やして、振り返るために休憩をとることです。

もし、あなたがストレスを感じ、準備ができておらず、どうしたらいいのか分からず、感情的にも高まり、コントロールを失いかけていると感じるときに必要なことは、やはり休憩をとることとなり、効果もあります。

一分でも自分の時間を確保することで自分自身を取り戻すことができます。もし、自分の価値観を侵害されたと思ったときには限度を設定することも可能です。この方法は、双方が本当に望んでいるものは何かを考え直す時間を提供するといった形で、交渉時においても使われることがあります。

効用——休憩をとることで、振り返る余裕があなたに提供されます。それは、自分を取り戻し、冷静になり、地に足をつかせてくれるほか、物事に対する自らの態度を明らかにしてくれます。また、自分が何を望んでいるのかについても明らかとなり、限度も設定してくれます。

難しさ——人によっては、休憩をとることを自らの弱さと捉えるかもしれません。数分間でもその場から離れることは、困難なやり取りのなかでスキルや能力に欠けることを自らが示してしまうことになるからです。そして、(おそらく)声を荒げて、相手の言うことを聞かずに自分の言いたいことだけを言って、「議論には勝った」と思いがちです。

しかし、もし休憩をとることであなたが落ち着き、元気づかせてくれるのであるなら、あなたのニーズに焦点を当てて、この方法を使い続けてほしいと思います。そうすることで、周りの人にプラスのメッセージを発信し続けることができるでしょう。

もし、どうしようかと悩んでいる場合は、自分の弱さと見られることを避けたいと思っているはずですから、その部分が伝わらないようにこの方法を使うことは避けたほうがよいでしょう。大切なことは、「好奇心のスキル」を使いこなせるようにするために、「今、ここ」に集中でき、自分自身であることと落ち着ける状態を見いだせる方法を見つけることです。

本章で紹介した方法を頻繁に使うことで、あなたが進めたいと思っていることが何なのかを理解するために「好奇心のスキル」が使えるようになり、心の落ち着きが得られ、自己認識を高め、感情のスイッチを理解してコントロールすることを助けてくれます。自己認識を高めることによって、あなたのリーダーシップ、人間関係、そして健康と幸せに大きく貢献することになります。

「パート１」と「パート２」で、あなたは三つの「好奇心のスキル」と、自分自身を理解するためにそれらのスキルをどのように応用したらいいかについて学びました。そして、「パート３」では、それらを全部使って、他者との困難なやり取りの際に、「好奇心のパワー」がどのように応用できるのかということについて紹介していきます。

さあ、試してみよう!

ぜひ、私たちが紹介した方法のいくつかを試してみて、あなたにあった落ち着くための方法を少なくとも一つは見つけてください。そして、それが必要になったときに使いこなせるように、繰り返し練習してください。

もちろん、好奇心をもって練習してください。そして、何が生まれるか、どう感じるか、日々の生活のなかで、その方法がどのように役立つかを確認してください。

パート3

好奇心を使って他者を理解する

第9章

とても大切な答え

平和は、戦争がないことではない。
対立を平和的な方法で処理できる
能力のことである。

ロナルド・レーガン*

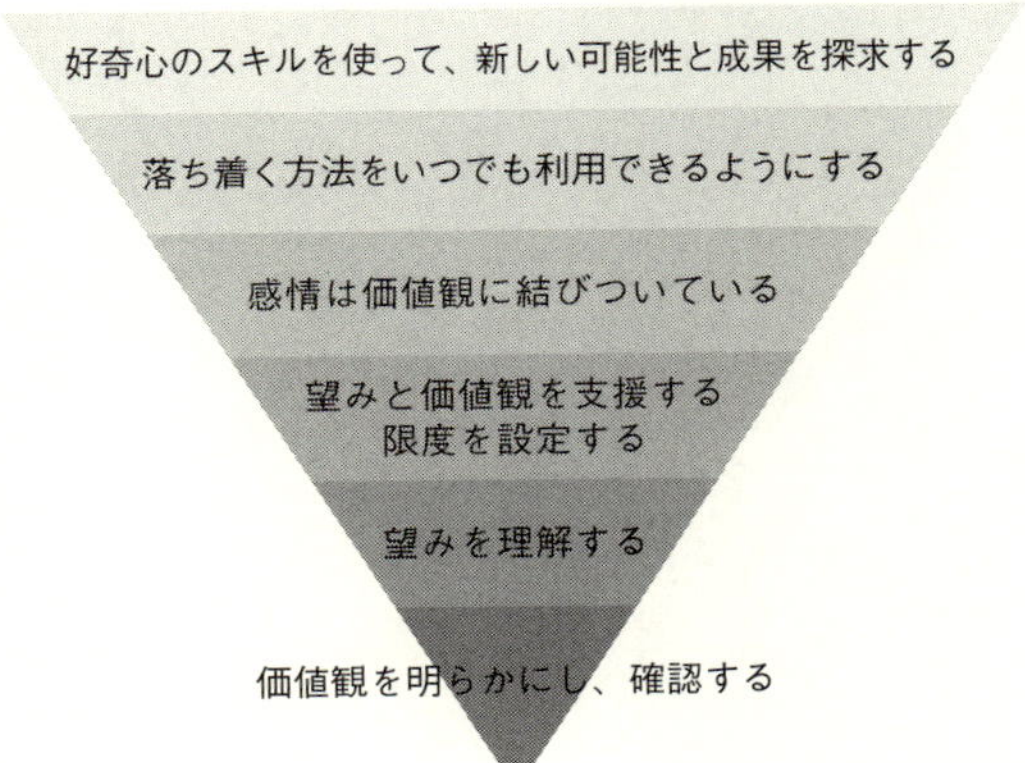
好奇心のスキルを使って、新しい可能性と成果を探求する
落ち着く方法をいつでも利用できるようにする
感情は価値観に結びついている
望みと価値観を支援する限度を設定する
望みを理解する
価値観を明らかにし、確認する

* (Ronald Wilson Reagan, 1911〜2004) 第40代アメリカ合衆国大統領。

私たちが行うワークショップは、まず最初に、ホテルにチェックインするような感じで各参加者がワークショップに参加するにあたっての目標を共有しあいます。もちろん、あらかじめ立てた計画もありますが、参加者のニーズがどのようなものなのかを知りたいのです。参加者が何を望んでいるのかを理解することなく、いったいどうやって参加者のニーズを私たちは満たすことができるのでしょうか?

ですから私たちは、「これだけが達成できればワークショップに参加して満足である、というものは何ですか?」という質問を投げ掛けています。すると、いつも同じ答えが返ってきます。「誰かと意見が合わず、対立しなければならない状況に自分があるときに使える方法が知りたいのです。問題が起こらないという話し合いは、どうすればいいのでしょうか?」

この重要な質問を言い換えると、次のようになります。

「たとえ大きな利害が関係するような状況であっても、敬意をもって生産的な対話を促進し、落ち着きや自信や満足のいく結果に私たちを導いてくれる考えや感情の本物のやり取りを、私たちはどのようにしたらもつことができるのでしょうか?」

この重要な質問への答えは、「あなたが、この本を通して学んできた『好奇心のパワー』という方法」です。「好奇心のスキル」なしでは、敬意をもった話し合いでさえ、一方的に話したり、非難したり、相手を傷つけたりするやり取りになりがちなのです（それは、間違いなく対立をもたらします）。

好奇心のスキルが、①対立には至らない敬意をもった話し合い、②誰もが口に出したくない重要な問題を扱うときの話し合い、③ストレスが高まり、感情的になることも予想されるなかでの生産的な話し合い、そして、④望ましい結果を得るための難しい話し合いなどを可能にしてくれます。

敬意をもった話し合い

私たちはみんな、いつでも、参加するすべての人のニーズや視点を理解しようとする、敬意をもった話し合いをするだけの能力を身につけています。しかしながら、好奇心がないと、もっとも敬意をもった話し合いでさえ対立的なものになります。

話し手のことをより良く理解しようとして、絶えず「好奇心のスキル」を使うことによって敬意をもった話し合いは実現します。私たちは、自分自身（自分の価値観、望み、限度、感情のスイッチ）についての確かな理解があるとき、話し手により焦点を当てやすくなり、話し手に対して好奇心がもてるようになります。自らの理解が、一方的に話したり、評価を下したり、非難したり、相手を傷つけたりする必要性から転換させてくれるのです。

話し手に対して好奇心がもてると、その人たちが誰なのかという理解を深めることになります。それが、強いつながりと豊かな関係をつくり出すベースとなります。さらにそれが、普通では存在しない、可能性や機会をもつくり出してくれます。私たちの人生における成功と幸せは、自らがつくり出す人間関係と直接関係しており、私たちはそれをどのようにつくるかの選択権を常にもっています。

誰もが口に出したくない重要な問題を扱うときの話し合い

何年も前、私（キャシー）はセラピストとして大きな組織に所属し、仕事で困難を抱えている職員が、フルタイムのままでいくか、それとも徐々に改善を加えながらフルタイムに戻るという、選択肢のあるサポート・プログラムづくりをしていました。

私は、相当数の困難を抱えている職員や、すでに休んでいる職員と面会をしました。彼らはこれまでにしたことがない量の仕事をしなければならなかったので、不安やストレスを感じていました。彼らは、自分の上司があまりにも非現実的な目標を設定しており、高圧的な態度をとり続けることに関しても納得していませんでした。

一方、比較的最近上司になった人たちと話すと、長い場合は二五年もの間、部下は極めて低い生産性と不適切な行動をとり続けていたと嘆きました。新しい上司たちは、長年にわたって放置され続けたこの悲惨な状況に対して、ようやく対処することができたと言うのです。

この対処は十中八九適切だったと思いますが、長年にわたって自分たちの仕事の仕方について一切フィードバックがなかったのに、急に自分たちの生産性を批判された部下たちがどのように感じたかに関しては想像がつきます。

長きにわたって、多くの上司たちは仕事の質を向上させるだけの対処方法をもち合わせなかったので、それについて話し合うといったことをしませんでした。また、目標を達成できるように部下を支援せず、「無視をする」という選択をしてきました。上司たちは、そのような話し合いが難しいこと、また対立を招き、あとで後悔するようなことを言ってしまったりすることを知っていました。そのため、仕事の状況や部下たちの仕事ぶりには目をつむり、現状を維持したほうが楽だったのです。

これは、（低い生産性がゆえに）雇用主にとっては最悪となる状態です。ほとんどの職員が一生懸命に働くなかで、一人か二人の職員が怠けているという状況は、その部署の全員に悪影響をもたらします。

こんなアプローチを続けるわけにはいきません。誰もが認識しているわけですから、話したくない重要な問題は、二五年後ではなく問題が生じたときに対処しなければなりません。上司たちは、「選択肢５」の聴き方を使って、つまり職員の視点に好奇心をもち、生産性を上げるために必要となる改善方法に職員の目を向けさせるという形で対処する必要があります。

あなたは、このような状況を今までに職場で見たことがありますか？　職員は「何をしても許され」、上司は必要な話し合いを避ける選択をしているので、不適切で非生産的な仕事が続くという状況です。このような状況があなたに発しているメッセージは何でしょうか？　このような上司に対して敬意をもつことはできますか？　このような状況が一定期間続いたとしたら、職場の文化にどのような影響を及ぼすでしょうか？

このような経験は職場に限定したものではありません。家族が集う結婚式やお葬式や感謝祭（一一月の第四木曜日）のディナーのときまでも、無視されたり、隠されたりした「家族の事情」ということが起こり得ます。このような特別な場では、誰もがうれしいことは共有し、悲しいことはサポートしあうことを望むといった家族のメンバーからの圧力もあるので、隠しておきたい家族の事情を無視し続けるという選択肢はありません。

多くの家族では、家族のみんなが揃うときには問題となるであろう「隠しておきたい秘密」をもっています。何が何でも、誰もが仲良く振る舞うことを期待する家族もあるでしょうが、そこでの会話は無機質なものとなりがちで、みんなの望みを満たすために一緒にいる時間が最小限に制限されることになります。

このような状況では、話題にしたくない大きな問題が存在し続けることになります。そうならないように、誰もが見えたり、聴けたり、そして理解できる形で、問題に対処するという選択をすることもできるのです。

負の感情エネルギーがあるときの生産的な話し合い

対立することが明らかなときに話し合いの機会を設けることは、あまり居心地のいいものではありません。人は対立を避けたい、ということを私たちは経験上知っています。誰かが反対意見を明確に主張し、その人の負の感情エネルギーが急上昇する様子を感じたとき、多くの人は不意打ちを食らったように思います。その人がコントロールできなくなったと感じはじめるわけですが、その理由については分かりません。

言葉が敵対的なものになり、負の感情エネルギーがさらに上昇し、かかわる誰もが「選択肢2」か「選択肢3」の聴き方に戻り、一方的に話したり、お互いを批判しあったりします。そのような話し合いで、よい結果が得られることはまずありません。あとで後悔するような言葉が飛び交い、黙り込む人も出てくることでしょう。互いの関係が壊れ、信頼が損なわれ、同席する人たちの健康にもよくありません。

図３　好奇心のスキルがないときの状態（再掲）

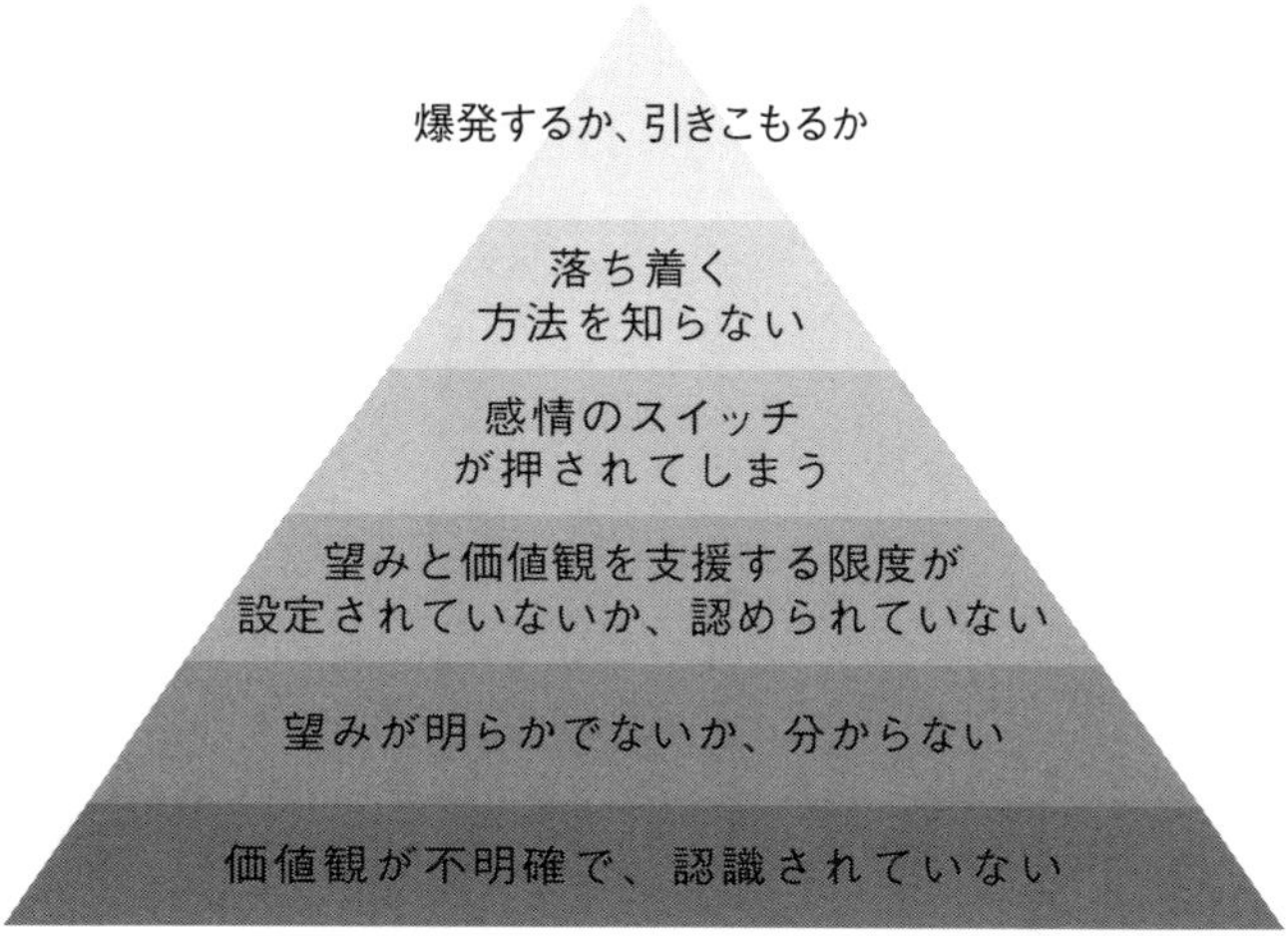
爆発するか、引きこもるか
落ち着く方法を知らない
感情のスイッチが押されてしまう
望みと価値観を支援する限度が設定されていないか、認められていない
望みが明らかでないか、分からない
価値観が不明確で、認識されていない

すでに私たちは知っているように、このような対立は負の感情エネルギーの爆発ではじまるわけではなく、価値観のレベルではじまっています。

価値観や望みや限度が曖昧で、はっきりしないときには、いつ感情のスイッチが入るのかについての自己認識が極めて困難となり、自分は何を望み、そしてどうやって前進したらいいのかを理解するために、明確かつ落ち着いて、好奇心をもって考えることを不可能にします。

このような居心地のよくない所にいることは、回避、思い込み、評価、非難、中傷といった結果を招きます。そして、このお馴染みとなっているパターンは長く続くことになり、関係は壊れ、可能性や成果を大幅に制限することになります。

図４　好奇心のスキルによって得られる状態（再掲）

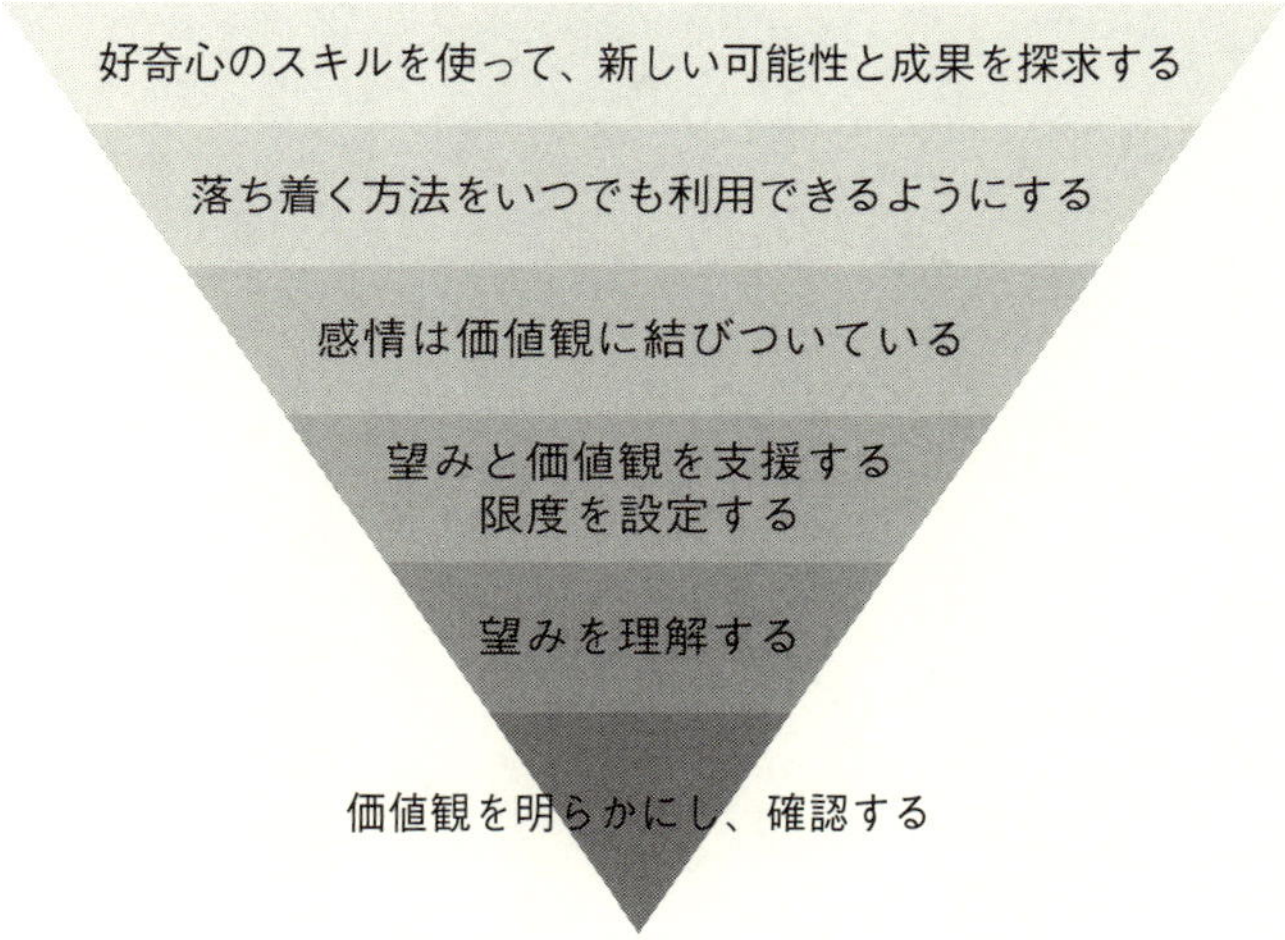
好奇心のスキルを使って、新しい可能性と成果を探求する
落ち着く方法をいつでも利用できるようにする
感情は価値観に結びついている
望みと価値観を支援する
限度を設定する
望みを理解する
価値観を明らかにし、確認する

どんなときでも、あなたが話し合いに入るときには選択肢が用意されています。どのように聴くのか、どのように深く理解したいのか、そして状況が難しくなったとき、爆発するか、それともおとなしく引きこもるか、あるいは落ち着く方法を使って、好奇心をもって新しい可能性を発見するかという選択を行っています。

好奇心こそが、あなたにとってもっとも強力なツールとなります。それは、言われたことは何か、なぜ言われたのか、話し手に起こっていることは何か、そしてあなたにとってはどうかなどをより良く理解するために、いかなる話し合いをするときにも使えます。人間関係は元のままという状態が保たれ、困難な状況を丁寧に解決できるように好奇心が対立を解決するのです。

この本を通して学んできたように、あなたの価値観、望み、そして限度が明確に設定されていれば、対立のなかにあっても、あなたは受容的で好奇心をもった存在であり続けられます。さらに、居心地のよくない話し合いでも、問題やストレスが生じないように、落ち着くための方法を使いこなすことも可能となります。

困難な話し合いのなかで「好奇心のスキル」を意図的に使うとき、つまり「今、ここ」に集中し、相手に焦点を当てて、聴き方を選択し、好奇心にあふれたオープンな質問を一つするだけで、負の感情エネルギーは解消しはじめることを知りました。傾聴し続け、そして二番目の好奇心にあふれたオープンな質問をすると、感情に絡みついていた部分が徐々にほぐれはじめます。

さらに好奇心にあふれたオープンな質問をし続けることで、私たちは気分がよくなり、負の感情エネルギーに押し流されていた状態が遠い過去のものになります。負の感情エネルギーが消え去っていくことで、相手も感情の急上昇が消えていくという同じ体験をしはじめます。この時点では、前進するための選択肢は無制限となり、可能性だけが存在することになります。

前ページに掲載した**図**で、あなたが話し合いのときに使っているのはどちらですか？

感情が高ぶると、落ち着きと好奇心を維持することがとても難しいことを私たちは知っています。それらができなくなるということは、そうした意図をもっていないにもかかわらず、私たちを（内面的に、あるいは対外的に）身構えさせ、そして相手を判断し、非難して傷つけてしまうことになります。

また、困難な話し合いや対立への対処策となる鍵が、好奇心であることも私たちは知っています。好奇心が私たちを落ち着かせ、相手を理解し、そして新しい可能性にオープンであり続けることを助けてくれるのです。

望ましい結果を得るための難しい話し合い

あなたが看護師だと仮定してください。そして、あなたは、患者に恐れを抱かせるような医師と仕事をしなければなりません。その医師と仕事をしたあとは、たとえそんなことを思わなくてもいいときでさえ、あなたはいつも何か間違ったことをしたのではないかと思ってしまうようになるのです。

週の初め、この医師の行いが一人の患者を怒らせました。この患者はとても繊細なので、あなたは特定の方法で接するようにお願いしていたのですが、医師はあなたの依頼を無視したのです。患者はとても腹を立てていて、あなたに謝罪を求めています。忙しいとき、この医師が鈍感になることを知っていましたし、医師が常にストレスをもって仕事をしていることも理解していました。その一方で、注意して患者に接するように依頼したわけですから、あなたは患者の不安定な状態についても知っていたことになります。

あなたが仕事で大切にしている価値観の一つは、患者によいケアを保障することと、それら必要なケアを受けているときに不満がないようにすることです。この医師が患者を治療したあと、医師と話す必要があることをあなたは知っていました。あなたは無視されたので不安になっていますし、怯えていますし、いら立ってもいます。あなたは自分の仕事にプロ意識をもって取り組んでいますが、それを無視されたと感じています。

あなたは、自分は何も間違っていないと思っていますし、無視されたことをうれしくも思っていません。もちろん、してもいないことで咎められることはおかしいと思っています。医師が自分の言うことを聞いてくれさえいたら……と、あなたは思っています。もし、依頼していたように医師が患者に接してさえいれば、患者との間に挟まれたような状況には陥らずに済んだわけですから。

読者であるあなたも、このように誰かとの話し合いが厄介なものになるという状況に立たされたことがあるのではないでしょうか。望ましい結果を設定することなしに、このような話し合いにやみくもに突入してしまうと、自分を冷静に保つことがより困難となり、厄介な状況をさらに悪化させてしまうかもしれません。

話しはじめる前に、あなたが何を望むのかについて明確にすれば、あなた自身をオープンに保つことができ、設定した結果に焦点を当てるために「好奇心のスキル」を使うことが可能となります。これは、この方法を使いこなすことを目的として、多大なる時間を費やして多くの人たちにコーチをした結果、私たちが学んだことでもあります。

このいら立っていたクライアントである看護師に私が会ったとき、彼女は医師と話す前に、自分が話し合いで達成したいことは何かについて、少し時間をかけて考えることにしました。準備をしたあとに、彼女は医師のオフィスで会う約束をしました。彼女は、患者が敬意を払われていると感じられるようにするという自らの目標を設定して、医師にアプローチをしたのです。

話し合いのための状況づくりができて、医師が患者に言った理由の背景にあるものを明らかにするために、彼女は医師に対して好奇心をもって接するという選択をしました。自らがファイルに書き込んだ患者の不安定な状態を考慮して、使う言葉を注意して選ぶように忠告したという記録を彼女は医師に見せました。

最初、医師は身構えました。それは、彼女が期待していた状況とは異なりましたが、患者が敬意を払われていると感じられるようにするという自らの目標を実現するために、彼女は好奇心をもち続けるという選択をしたわけです。

二番目の好奇心にあふれたオープンな質問をすると、医師は緊張を緩めはじめました。医師は、看護師が（「選択肢4」と「選択肢5」を使って）自分の言うことを聴こうとしていること、そして評価を下すためではないオープンな質問をしていることが分かりました。看護師は、自分を責めるためにここにいるのではなく、自分を理解するためにいることがはっきりしたからです。

彼女は、好奇心にあふれたオープンな質問を続けることと、評価を下したり、責めたりするのではなく、理解するために傾聴することを選択して話し合いを展開しました。それによって、感情的な面が中和されました。

すると医師は、スケジュールよりも遅れていたこと、メモが通常の患者を診察する際に役立つとは思わないと判断したこと、そして時間がなくて看護師が書いたメモを読んでいなかった、と言いました。

彼女がのちに報告してくれた内容によると、二人は患者に対する互いの視点と状況の理解ができるようになったために二人の関係が変わりはじめ、より同等で敬意をもった関係になりつつあるということでした。

この話し合いの最後、医師は「あとで患者の部屋に顔を出して、謝る」と言ってくれたそうです。看護師は、自分の目標が達成できたと思いました。彼女は、医師との話し合いをするなかで、自分の目標を明確にもって、常に好奇心をもってオープンであり続けたと言っています。この話し合いはとてもうまくいったと思いますし、「好奇心のスキル」がそのような状況で提供してくれる可能性までも理解することができました。

私たちのクライアントが体験したように、自分の望む結果としての目標と、どうしたらその望む結果が得られるかを明確にしたうえで話し合いの準備をすれば、目標に焦点を当て続けることができます。それと好奇心をもつことを組み合わせると、「落ち着き」と「好奇心」と「他者に対してのオープンな姿勢」を保つことが可能となるので、あなたは何に対しても対応することができるようになります。

先のような状況に置かれたとき、私たちは「言うべきことを言わなければならない」「自分が正しいことを主張しなければならない」「相手が間違っていることを証明しなければならない」と考えがちになります。このような考え方をもって話し合いに臨んでしまうと、他者の視点を受け入れることがなく、何も見えなくなって「選択肢1」〜「選択肢3」を使うことになってしまいます。たとえ相手の話を聞いたとしても、あなたは評価を下してしまうのです。それがどんな助けになるというのでしょうか。

時間をかけて話し合いの望ましい結果（このクライアントにとっての望ましい結果は、患者が敬意を払われていると感じられるようにすること）を明確にすることができれば、「今、ここ」に集中して傾聴することができ、話し手が言うことを「選択肢4」を使って理解することができます。

また、（「選択肢5」を使って）望ましい結果をもたらすために好奇心にあふれたオープンな質問をすれば、話し合いの前に両者がもっていた感情は消え去り、評価を下したり、責めたり、傷つけたりする代わりに、理解したり、学んだりすることに転換することも可能となります。当然、これは誰にとってもいいアプローチと言えます。

望ましい結果を明確にした話し合いの方法

❶自分の目標を明確にする――評価を下したり、責めたり、傷つけたりするのではなく、この話し合いを通して達成したいことは何か？

❷どこで、どのくらいの時間会うのかを決める。

❸落ち着いて、話し合いの間中、自分を見失わないようにするために必要なことは何かを明確にする。

❹「好奇心のスキル」を使う。

a.「今、ここ」に集中し、相手に焦点を当てる。

b.「選択肢4」か「選択肢5」で聴く。

c. 好奇心にあふれたオープンな質問をする。

❺思い込みや価値観を確認する。

❻新しい可能性を再構成する。

❼好奇心を維持し、目標に焦点を当て続けるために、「好奇心のスキル」を使い続ける。
❽話し合いを終了する。

さあ、試してみよう！

あなたは、自分の価値観、望み、限度をはっきりさせることができました。自分の感情のスイッチも理解しています。そして、自分を落ち着かせるための方法も使いこなすことができます。話し合いのなかで、もし感情が急上昇したり、引きこもったりしようと思ったときは、「好奇心のスキル」というとても効果的な方法を使ってください。

❶相手をより良く理解するためと、自分をサポートするために「好奇心のスキル」を使う（「今、ここ」に集中し、相手に焦点を当てる「選択肢4」か「選択肢5」で傾聴し、好奇心にあふれたオープンな質問をする）。
❷感情が急上昇したと思ったときは、話し手の感情を中和するために、落ち着く方法と好奇心にあふれたオープンな質問をする。
❸もし、自分が「選択肢1」〜「選択肢3」を使って聴いていると思ったら、話し手をより良く理

解するために、好奇心にあふれたオープンな質問を使って「選択肢4」か「選択肢5」に戻る。
❹話し合いの結果が明確になったら、「今、ここ」に集中し、相手に焦点を当てて「選択肢4」の聴き方で相手の話に傾聴し、「選択肢5」の聴き方と好奇心にあふれたオープンな質問をすることで、望ましい結果を得るだけでなく誰もが納得する結果に導く。
❺話し合いが、相手の評価を下したり、一方的な話や、責めや、傷つけあいになりそうなときは、「好奇心のスキル」を使って話し手（と自分）に何が起こっているのかを理解する。
❻どうしていいのか分からなくなったときは、その場を離れたり、一時《いっとき》休憩をとらせてもらったりするなど、落ち着く方法を使って自分を取り戻し、次のような質問に自らが答える。
「自分は何に好奇心をもっているのか？　これから何を望んでいるのか？　どのようにしたら、違う視点からこれを見ることができるのか？」

あなたの目標は、自分自身と相手に対して常に好奇心を維持することです。好奇心は、ほかの方法では提供されることのない、対立や困難を解決するために必要となる理解と新しい機会や可能性を提供してくれます。

あとがきに代えて——あなたの次のステップ

変わることは難しい。人間であることの特質は、現状が決してよいからではなく、単に慣れているという理由で、私たちを現状に押し戻してしまうことである。

ブリジッド・シュルテ(1)

あなたはすでに「好奇心のパワー」を手にしています。次のステップへ進むのも進まないのも、あなた次第です。この本をほかの実用書と一緒に本棚にしまって、異なる結果が得られることを祈るという選択もできますし、すでにあなたが手にした方法を使って、確かな理解とあなたが望む革新的な成果を得るという選択をすることもできます。

選択するのは、あなたです。いずれにしても、私たちと過ごした時間をあなた自身、あなたの未来、あなたの家族、あなたのキャリアにとっての投資と捉えていただきたいと思います。次のステップを考えるにあたって、あなた自身の生活（リーダーシップ、家族、さまざまな人間関

---

(1)　七ページを参照してください。

係）に好奇心を組み込むコストは何かと自問してみることを、私たちは提案します。逆に、組み込まないことによるコストとは何でしょうか？

私たちは守れない約束をするつもりはありませんし、不必要な情報で困らせたいとも思っていません。私たちの目標は、「好奇心のパワー」を通して自分自身と相手とのより深い理解を得ることであり、あなたの目を新しい可能性に向かって開かせることです。

あなたは、自分が望む生き方を維持するために、そして、自分のためにはならないであろう思い込みや信念から自由になるために、すでに自分の価値観と何を望んでいるかを知っており、いくつかの限度も設定しました。それらを踏まえて、自らの感情のスイッチを理解することで自己認識を高め、負の感情エネルギーが急上昇する際に使うことのできる落ち着くための方法も明らかにしました。対立が起こったときには、これらがすべて「好奇心のスキル」を使えるようにしてくれると同時に、あなたが望む話し合いを可能にしてくれます。

好奇心をもてれば、どの価値観が利用されたのかが分かり、他者に対して好奇心をもつこともできます。相手が言っていることをはっきりさせるため、そしてあなたが「今、ここ」に集中し、相手に焦点を合わせて傾聴していることを知らせるために、言い換えをすることもできます。多分あなたは、思い込みをチェックしたり、信念に疑問をもったり、再構成したりすることもできるでしょう。

あなたはこれから、困難で、しかも対立するかもしれない話し合いをもとうとするとき、自分の望む結果を明確にすることでその計画を立てることができます。そうすることで、相手をより良く理解するために「好奇心のスキル」を使い、困難にもかかわらず最後までやり遂げ、望む結果を得ることができるはずです。

あなたが相手の話を落ち着いて傾聴することで、相手も落ち着き、あなたの視点をより良く理解することが可能となります。あなた方が互いにより良く理解し続けることで、双方の視点を認めることができるのです。あなたは、相手に対して反対するということも選択できますが、同時に相手の考え、アイディア、価値観を理解したり、認めたりすることもできます。後者を選択することで、関係は損なわれず、つながりはより強固なものになります。あなた方は敬意をもった話し合いを続けることができ、対立を負の状態から前向きな機会に転換することもできます。

以上のことを行う際、あなたが成功するためにも、次の三つのことを踏まえる努力をしてください。

❶三つの「好奇心のスキル」を練習し続けてください！　これらのスキルを、特別な場面にとっておいてはダメです。日々、惜しみなく使ってください。練習すればするほど、容易に使えるようになります。この本を読むだけで、それを使えるようになるとは思わないでください。実生活

のなかに取り入れることが確実に身につける方法であり、三つの「好奇心のスキル」もその例外ではないのです。

「好奇心のスキル」の助けを借りて、自分の価値観、望むこと、そして限度をはっきりさせるために時間をとってください。あなたが大きな転換をもたらす結果を得たいと望むなら、私たちが本書で紹介したすべてのステップを続けて実践してください。継続的な練習と明確な目標をもつことで、好奇心があなたの一部になることをお約束します。

❷自分に対して辛抱強くなってください。新しいことや違った方法を試すためには、時間と辛抱強さが必要となります。時には、得る結果が望んだものではないかもしれませんが、好奇心をもち続けさえすれば、どんな結果も新しい学びを提供してくれます。

多くの人にとっては、これまでの人生で自分が身につけてきたものを意識的に捨て去る必要があるかもしれません。よって、これから新たに挑戦することが、すぐにできたり、簡単だとは思わないでください。もし、あなたが好奇心や理解に貢献しない古い習慣に戻っていると思うときは、次のような好奇心にあふれたオープンな質問をしてみてください。

「私は、何に好奇心をもっているのか？」
「自分はこれを違った方法で見るにはどうしたらいいのか？」
「私は何を学べるのか？」

新しい学びに挑戦するにあたって、自分に対して寛容であってください。と同時に、誰かが同じように学ぶことに挑戦しているとしても、必ずしもあなたと同じことを学んでいるわけではないので、相手に対しても寛容であってください。たとえどのようなことを学ぼうとも、辛抱強く、そして好奇心をもち続けてください。

❸自分に対して、これまでとは違う方法を試すことに許可を与えてください。自分が長年にわたってもち続けていた（しかも、役に立たない）信念や思い込みを手放すことは容易なことではありません。自分がもったこともない限度を設定すること（そして、それを守ること）は、不気味で困難な感じがするかもしれません。

自分の価値観や望みを大切にすることは、ほかのことを犠牲にしたうえで手に入れるものかもしれませんので、決して簡単なことではありません。それは、従来のやり方や、やらなければならない方法を葬り去ることを意味するかもしれませんが、従来のやり方とは違ったアプローチを試してみる許可を自らに与えてください。

（自分や相手に）一方的に伝えたり、訂正したり、批判したり、責めたりすることをやめて、好奇心を通して学んだり、理解したりすることを大切にしてください。そして、思い切って質問をし、自分が望む新しい結果や展開を得ることに全力を注いでください。私たちはみんな主張をもっているわけですが、それを変えられるのはあなた自身なのです。

母娘でチームを組んでいる私たちは、自分たちがする方法を変えないかぎりは、何も変えることはできないということを学びました（つまり、新しい機会も、可能性も、結果も、あるいは違った成果も得ることはできないのです）。好奇心なしでは、関係は壊れ、理解やつながりは失われてしまいます。

私たちは変化することのみが不変という時代に生きており、未来は新しい可能性や創造力に富んだ結果を生み出すことにかかっています。私たちは、従来のやり方はもはや機能しないことを知っています。ですから、一緒に新しい方法を試してみましょう。

私たちはみんな、あらゆることで大きな成果を挙げたり、理解したりする能力をもっています。私たち筆者は、評価を下したり、責めたり、傷つけたりすることの代わりに、敬意と理解と好奇心に満ちた人生を選択することをおすすめします。

敬意に満ちた理解は、選択することができます。そして、今あなたは、それを実現するための方法を身につけています。それが「好奇心のパワー」なのです。

キャシー＆カーステン

訳者紹介

吉田新一郎（よしだ・しんいちろう）
質問へのこだわり歴は、『ワールド・スタディーズ』（国際理解教育センター翻訳・発行）に出会ってから30年以上となります。その前は、「まちづくり・コミュニティづくり」や政府開発援助やNGOによる海外協力をしていました。それ以降は、国際理解教育（環境、開発、人権、平和、異文化理解、未来教育）→組織・人材開発（教員／職員／社員研修）→子どもたちがワクワクする国語の授業（『作家の時間』と『読書家の時間』の紹介）→子どもたちがワクワクする算数、社会科への応用（や理科への準備）などを行っています。

これらすべての共通項は、いずれも「探究ないし問題解決のサイクル」を回し続けることです。そしてその核は、言うまでもなく「いい質問をすること」と「好奇心」プラス「コミュニケーション」です。

好奇心のパワー
コミュニケーションが変わる

2017年2月10日　初版第1刷発行

訳　者　吉田新一郎
発行者　武市一幸

発行所　株式会社 新評論

〒169-0051 東京都新宿区西早稲田3-16-28
http://www.shinhyoron.co.jp

TEL 03（3202）7391
FAX 03（3202）5832
振替 00160-1-113487

定価はカバーに表示してあります
落丁・乱丁本はお取り替えします

装幀 山田英春
印刷 理想社
製本 中永製本所

ISBN978-4-7948-1060-1
Printed in Japan

好評既刊

吉田新一郎

読書がさらに楽しくなるブッククラブ

読書会より面白く，人とつながる学びの深さ

読むことが好きになり，大きな学びを得られる読書法の実践指南。

［A5 並製　240 頁　2000 円　　ISBN978-4-7948-0928-5］

吉田新一郎

「読む力」はこうしてつける

優れた読み手の「読み方」を詳細分析，その身につけ方を指南。

［A5 並製　208 頁　1900 円　　ISBN978-4-7948-0852-3］

プロジェクト・ワークショップ 編

作家の時間

「書く」ことが好きになる教え方・学び方【実践編】

"ライティング・ワークショップ"，日本の教師たちの実践録。

［A5 並製　216 頁　1900 円　　ISBN978-4-7948-0766-3］

L. カルキンズ／吉田新一郎・小坂敦子 訳

リーディング・ワークショップ

「読む」ことが好きになる教え方・学び方

子どもが主体的な読み手として成長するための画期的授業法。

［A5 並製　248 頁　2200 円　　ISBN978-4-7948-0841-7］

R. フレッチャー＆J. ポータルピ／小坂敦子・吉田新一郎 訳

ライティング・ワークショップ

「書く」ことが好きになる教え方・学び方

「作家になる」体験を軸にした楽しくて新しい国語授業。

［A5 並製　184 頁　1700 円　　ISBN978-4-7948-0732-8］

＊表示価格はすべて税抜本体価格です